# Bufandas de Punto

# Bufandas de Punto

## 42 modelos de cuellos, capuchas, chales, ponchos...

CATHY CARRON

DRAC

Editora: Eva Domingo

Publicado por primera vez en inglés en EE.UU.
en 2010, con el título *Cowlgirls*, por Sixth&Spring
Books, Nueva York, U.S.A.

Esta edición se publica por acuerdo con Sterling
Publishing Co. Inc., Nueva York, U.S.A.

© 2010 *by* Sixth&Spring Books
© 2010 *by* Cathy Carron
© 2012 de la versión española
  *by* Editorial El Drac, S.L.
  Marqués de Urquijo, 34. 28008 Madrid
  Tel.: 91 559 98 32. Fax: 91 541 02 35
  E-mail: info@editorialeldrac.com
  www.editorialeldrac.com

Ilustraciones: Jane Fay, Joni Coniglio, Sarah de Vita
Fotografías: Rose Callahan
Estilismo: Sarah Liebowitz
Peluquería y maquillaje: Ingeborg K.
Diseño de cubierta: José María Alcoceba
Traducción: Ana María Aznar
Revisión técnica: Esperanza González

ISBN: 978-84-9874-220-6
Depósito legal: M-36.701-2011
Impreso en Gráficas Muriel S.A.
Impreso en España – *Printed in Spain*

Este libro se ha negociado por mediación
de Ute Körner Literary Agent, S.L.,
Barcelona-www.uklitag.com

# Agradecimientos

Terminar un libro es la culminación de los
esfuerzos de todo un equipo de personas
motivadas, trabajadoras y con talento. Por eso
deseo expresar mi agradecimiento a Trisha
Malcolm (editora), a Joe Vior (director creativo),
a Wendy Williams (directora de edición), a
Michelle Bredeson (editora jefe), a Sarah
Liebowitz (estilista) y a Joni Coniglio (editora
de instrucciones). También deseo saludar
especialmente a Renee Lorion, recién contratada
como gurú de hilaturas por Sixth&Spring.

Decir que Renee ha recibido un bautismo
inmediato es poco decir. No creo que llevara más
de un par de semanas en la empresa cuando
se encargó de elegir los hilos para este libro.
Agrupó y amontonó sobre la mesa de reuniones
los numerosos catálogos de hilos y, junto a
Michelle y a mí, pasó varias largas tardes
eligiendo los más adecuados para estas labores.
Renee aportó profesionalidad, pragmatismo,
tesón, paciencia y buen gusto. Al final, lo que
creí iba a ser una dura tarea fue todo menos
eso, y se lo agradezco a Renee.

La realización de un libro puede poner patas
arriba la marcha de un hogar. Gracias por su
aguante a Andrew, mi marido y a Lydia, mi hija
menor, estupenda modelo y extraordinaria
musa. Los dos han sido y siguen siendo
mi mayor apoyo.

# Índice

9 **Introducción**

10 **Formas básicas:** variedades de bufandas cerradas

14 **Nido de abeja** Bufanda capucha de nido de abeja

18 **Juego de aros** Bufanda náutica con aros

20 **Envolvente** Bufanda capelina con motivo de aros

22 **Clásico tweed** Bufanda capucha de tres calibres

26 **Anudada y con lazo** Bufanda capucha de mohair con lazo

28 **Mejor con mohair** Bufanda capucha a punto de madroños

30 **Rapsodia en azul** Conjunto de tres piezas

34 **Equipo de polo** Cuello vuelto de cachemir

38 **Dulce y abrigada** Bufanda capucha de ochos

40 **Reina de corazones** Bufanda capucha de volantes

44 **Abotonada** Bufanda náutica a punto de elástico grueso

46 **Verde lima** Bufanda capucha a punto de arroz

50 **Volantes** Cuello de volantes

52 **Piel de imitación** Donut de piel de imitación

56 **Alta costura** Donut trenzado

58 **Zig y zag** Bufanda capucha de espiguilla

62 **Con música** Bufanda náutica con funda para MP3

64 **Profesional** Cuello esmoquin

66 **Multicolor** Pasamontañas de rayas

70 **Los colores del colegio** Bufanda tradicional

72 **Rayas intensas**  Bufanda de franjas de color

76 **Reacción en cadena**  Bufanda de eslabones

78 **Feria internacional**  Bufanda náutica de jacquard

82 **Dar el golpe**  Bufanda náutica con motivos de Aran

84 **Toque British**  Miniponcho bicolor

88 **A tu aire**  Bufanda capucha con pasacintas

90 **Esferas de influencia**  Collares de bolas

92 **Buena inversión**  Bufanda chaleco

94 **Veta de plata**  Bandana con calados

96 **De lujo y abrigada**  Bufanda capucha de elástico retorcido

98 **Celosía ciega**  Bufanda náutica de rejilla en blanco y negro

102 **Dibujos de Aran**  Bufanda capucha con motivos de Aran

106 **Tesoro escondido**  Bufanda con bolsillo

108 **En el filo**  Cuello de volantes

112 **Con pétalos de flor**  Cuello de mohair metalizado

114 **Marcado contraste**  Bufanda náutica de rayas jacquard

116 **Labor de enfilado**  Combinación de bufanda náutica y collar

118 **La historia interminable**  Bufanda infinity de rayas

122 **Siempre hay flecos**  Bufanda fieltrada

124 **Luces y brillos**  Collar fruncido

126 **Nomeolvides**  Bufanda náutica con nudos

130 **Instrucciones**

132 **Saber cambiar:** convertir el tejido ida y vuelta en tejido en redondo

134 **Abreviaturas y técnicas**

136 **Índice alfabético** y **Otros títulos publicados**

# Introducción

## ¿Quieres ser fan de las bufandas cerradas?

En los años 1970 American Express utilizaba el eslogan "No salgas de casa sin ellos" para promocionar sus cheques de viaje. Yo empleo el mismo lema para todo lo que abrigue el cuello. Si hay algo que siempre llevo, sobre todo cuando viajo, es una prenda para cubrirme la garganta. Si tengo la garganta abrigada y protegida, me siento cómoda y feliz. Incluso en verano, por mucho calor que haga durante el día, en cuanto se oculta el sol, se me pone carne de gallina y el cuello me pide que lo cubra. Naturalmente, siempre están los echarpes, pero ¿por qué limitarse a esos consabidos rectángulos largos y finitos? Hay tantas formas más interesantes (¡y prácticas!) de vestir el cuello…

Contrariamente a los echarpes, las bufandas cerradas y las bufandas náuticas no son una tira que cuelga y con la que no sabes qué hacer y que puede incluso ser un peligro. Este libro presenta una colección de 42 modelos con los que cubrirse el cuello, sobre todo bufandas cerradas y náuticas, pero también cuellos, capuchas, ponchos y más modelos. La mayoría de ellos se tejen en redondo sin costura. Cada diseño refleja una idea distinta de forma, textura y color. Algunos son sencillos y rápidos de tejer, por lo que resultan excelentes candidatos para regalo, mientras otros requieren puntos y construcciones más elaborados que suponen un pequeño reto.

La mayoría de los modelos están pensados para combatir el frío, pero muchos se pueden adaptar para temperaturas más cálidas y tejerlos en seda, algodón o lino.

Espero que este libro sirva igualmente de consulta y de inspiración: un trampolín para crear modelos propios. Se puede tejer uno solo o tejerlos todos, pero ya nunca se saldrá de casa sin el accesorio perfecto.

# Formas básicas: variedades

Antes de pasar de inmediato a los patrones, es probable que se planteen algunas preguntas: ¿qué es exactamente una bufanda cerrada? ¿Y sus múltiples variantes? ¿Cómo se confecciona una bufanda en redondo? ¿Qué tipo de hilo es el más adecuado para tejer bufandas cerradas? Aquí están las respuestas a esas y otras preguntas.

## Cualquiera que sea su nombre, una bufanda abriga la garganta

Además de las clásicas bufandas cerradas, en este libro se presentan otras formas y modelos de bufandas de punto. Todo el mundo sabe que una bufanda es (normalmente) una prenda larga, de ancho variable, que se enrolla en torno al cuello ya sea como accesorio de adorno o para abrigar. Pero cuando se habla de bufandas cerradas, surgen ciertas dudas. Estas son algunas definiciones de los modelos descritos en este libro.

## Bufanda capucha
Su nombre inglés cowl procede, como el francés cagoule y el español capucha, del término latino que designaba la prenda que llevaban los monjes ("capuchinos") y que les cubría el cuello y la cabeza. La bufanda cerrada cubre con holgura el cuello, a veces subiendo exageradamente sobre la cabeza. Se puede tejer integrada a un suéter o, como en los proyectos de este libro, suelta. Nada hay tan clásico y al mismo tiempo tan chic como este tipo de bufanda subida.

## Bufanda náutica
Con este nombre designamos una bufanda tubular alta que se ajusta alrededor del cuello. Popularizada por los esquiadores, la bufanda náutica suele ser de lana o de fibra con pelo, pero los adictos a la moda están profundizando en sus ventajas y proponen tejerlas en fibras suntuosas.

## Pechera
Este término de "pechera" suena a algo pasado de moda, pero se trata de una prenda muy práctica. Es un tipo de cuello que se remete por dentro del delantero de una camisa o de un abrigo y forma una barrera contra el viento y el frío. Varios de los modelos de este libro (como la Bandana con calados de la página 94) se pueden llevar por fuera del abrigo o por dentro, tipo pechera.

Bufanda capucha
de nido de abeja
(página 14)

Bufanda náutica
con motivos de
Aran (página 82)

Bandana con
calados
(página 94)

Bufanda capucha
con pasacintas
(página 88)

# de bufandas cerradas

## Redecilla
Sí, este tipo de bufanda/tocado se inspira en la redecilla que llevaban antes atada a la cabeza hombres y mujeres, para sujetar el pelo largo. En la actualidad estas redecillas son lo último en moda de bufandas, se enrollan alrededor del cuello y se suben sobre la cabeza para formar una capucha y… poder ir de incógnito.

Pasamontañas de rayas (página 66)

## Pasamontañas o verdugos
Lo más abrigado para el invierno (y para ocultarse), el pasamontañas o verdugo cubre toda la cabeza dejando a la vista únicamente la cara, incluso solo los ojos.

## Bufanda extralarga
También llamada infinita o eterna, es una bufanda cerrada muy larga que parece no tener fin ni en el espacio ni en el tiempo. Se pueden llevar largas o en dos, incluso en tres, vueltas. En las revistas de cotilleo es frecuente ver a las celebridades luciendo bufandas infinitas.

Bufanda infinity de rayas (página 118)

## Donut
La bufanda donut es un accesorio con forma, sí, de rosquilla. Se parece a la bufanda náutica por ser de tipo chimenea, pero suele ser más larga y tubular para ponerla en doble. ¡Es como un manguito para el cuello!

## Collar
Un collar de punto no abriga demasiado, pero ¿quién ha dicho que la moda tiene que ser práctica? En este libro he incluido varios modelos de collares tejidos (con agujas o con ganchillo), además de un modelo con volantes adornado con cuentas de cristal y un par de collares de cuentas gigantes.

Donut de piel de imitación (página 52)

Aparte de los modelos ya descritos, en este libro hay otros diseños que combinan varias ideas y formas, como una bufanda cerrada que se convierte en chaleco y una bufanda náutica que se prolonga en una capelina o miniponcho. No hay que tener miedo a tomar unos modelos básicos y combinarlos, darles la vuelta y reinventarlos. En eso precisamente consiste la moda.

Collares de bolas (página 90)

**Elegir un modelo cualquiera**

Una bufanda capucha puede ser corta…

… o larga.

Las bufandas náuticas son siempre cortas para ajustarse al cuello.

## El tamaño importa (cuando se trata de bufandas cerradas)

Las bufandas capucha se recogen formando pliegues alrededor del cuello, y para lograr ese efecto deben medir por lo menos 61 cm de circunferencia. Este largo requiere también cierto ancho o alto: como regla general, empezar con un alto mínimo de 20 cm.

Las bufandas náuticas son rectas y ajustadas al cuello. Las tradicionales, como las que llevan los esquiadores, suelen medir 56 cm de circunferencia y de 25 a 30 cm de alto. Sin embargo, pueden hacerse todo lo ajustadas que se desee y tan altas que suban por la cabeza. El alto puede variar según el diseño y la persona que las vaya a llevar.

## Taller de tejido de bufandas capucha

Las bufandas capucha y las náuticas se pueden tejer de tres maneras fundamentales: 1) planas y con costura, 2) en redondo y 3) en tubular con costura.

# Método 1: con costura

Es el método de confección más básico: tejer una pieza en dos dimensiones, con dos agujas, ida y vuelta, como se teje un echarpe, y coser los extremos uno con otro. Esta técnica es adecuada para bufandas capucha cortas o largas. Es fácil, pero, a no ser que se teja por primera vez, ¿por qué molestarse en hacer una costura?, ¿por qué no optar por uno de los dos métodos siguientes?

# Método 2: girar y girar

En este caso, se empieza por determinar el largo total de la pieza. Sobre una aguja circular larga, se monta el número de puntos correspondiente a la circunferencia de la bufanda capucha acabada. Se une la hebra y se trabaja hasta obtener el alto requerido. Es la forma más sencilla de confeccionar una bufanda cerrada porque no hay necesidad de hacer una costura cuando se ha terminado de tejer. No puede ser más fácil.

# Método 3: tubular

El tercer método, quizá el menos intuitivo, empieza por establecer el ancho total de la pieza. Con aguja circular o agujas de doble punta, se monta el número de puntos necesario para formar la circunferencia de un tubo que tenga la misma altura que el alto de la bufanda terminada. Trabajar el tubular en redondo hasta obtener el largo deseado (que corresponde a la circunferencia de la bufanda capucha). En este caso hay que hacer una costura para unir los extremos del tubular, y eso no es lo ideal si queremos evitar costuras, pero la gran ventaja es que se obtiene un tejido doble que da cuerpo a la pieza y proporciona una capa de abrigo extra. (En el caso de la Bufanda con bolsillo de la página 106, el tubular tiene una función más: ¡la de bolsa!).

## Cuestión de hilo

Para tejer bufandas cerradas se puede utilizar cualquier tipo de hilo, pero el éxito de la labor depende de la elección del tipo de hilo más adecuado al modelo. Las bufandas capucha, por su definición y naturaleza, deben trapear bien, por eso se debe elegir un hilo blando, como lana suave, algodón, seda, mohair y lino. Las bufandas ceñidas, por otra parte, requieren cierto cuerpo para mantenerse altas y ajustadas, lo que se puede lograr sin duda con lana, incluso con mohair. También con hilos más blandos como seda, lino y bambú si la bufanda es más alta de lo habitual. Además de la forma, hay que tener en cuenta la función de la bufanda: enfrentarse a la ventisca o al frío invernal requiere lana, mucha lana. En los meses más templados, apetece cubrirse sin abrigarse y se debe optar por el lino, una fibra que siempre triunfa.

Bufanda capucha a punto de madroños (página 28)

Combinación de bufanda naútica y collar (página 116)

### De mucho poner

Las bufandas capucha o de chimenea y demás modelos para cuello de este libro se pueden llevar en todo tiempo, en todo lugar, como mejor queden y, sobre todo, como mejor se adapten a la función que se les quiera dar. La bufanda capucha se lleva por fuera del abrigo para lograr mayor impacto, pero también se remete por dentro, como una pechera, para que abrigue más. Hay que tener en cuenta, además, lo que se va a llevar con la bufanda. Pensar en el abrigo o en la chaqueta y ver qué combina mejor con el cuello o escote que tenga. Tampoco hay que olvidarse de la moda: la bufanda tiene que ser original, salirse de lo corriente. No es mala idea ponerse más de una bufanda: tejer variaciones de una misma bufanda amplia o tejer dos modelos al mismo tiempo. Combinarlos y disfrutar confeccionando bufandas capucha o ceñidas para reunir un buen fondo de armario.

**Método 1**

Tejer primero un rectángulo plano.

Unir los extremos y coserlos. ¡Ya está la bufanda terminada!

**Método 2**

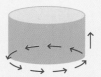

Montar los puntos suficientes para la circunferencia y tejer hasta que la bufanda tenga la altura deseada. ¡Perfecta sin costuras!

**Método 3**

Tejer un tubular del alto que se desee para el ancho de la bufanda y del largo que más guste. Coser luego los extremos del tubular.

# Nido de abeja

Esta bufanda capucha de color azul pato y miel
envuelve agradablemente a las abejitas trabajadoras.

## MATERIALES

### Lana

Chunky, de Misty Alpaca, en
madejas de 100 g y aprox. 99 m
(alpaca)
- 2 madejas de cada color: n.º 701
  marina melange (A) y n.º 717
  monet melange (B)

### Agujas

- Aguja circular (ag. circ.)
  del n.º 10½ (6,5 mm) y de 60 cm
  de largo, o del tamaño adecuado
  para la muestra

### Fornituras

- Marcador de puntos (marc.)
- Aguja de tapicería

## BUFANDA CAPUCHA DE NIDO DE ABEJA

El motivo de nido de abeja que presenta
esta suntuosa bufanda combina dos
colores de lana de alpaca. Es el
complemento perfecto de un abrigo de
pelo de camello, aunque también aporta
estilo a una chaqueta vaquera.

### MEDIDAS FINALES

**Circunferencia:** 77,5 cm
**Alto:** 46 cm

### MUESTRA

10 p. y 30 v. = 10 cm a p. de nido de abeja
con ag. circ. del n.º 10½ (6,5 mm).
**Hacer siempre la muestra.**

### NIDO DE ABEJA

(Sobre un número de p. par)
**1.ª v.** con B, *1 p. der. en la v. ant.,
1 p. der.; rep. desde * hasta el final.

**2.ª v.** con B, del rev.
**3.ª v.** con A, *1 p. der., 1 p. der.
en la v. ant.; rep. desde * hasta el final.
**4.ª v.** con A, del rev.
Rep. las v. 1.ª a 4.ª.

### BUFANDA CAPUCHA

Con A, montar 76 p. Poner marc. y unir,
con cuidado de no retorcer la labor.
1 v. der., 1 v. rev.
Tejer las v. 1.ª a 4.ª del motivo hasta que
la labor mida 46 cm desde el ppio.,
terminando por la 3.ª v. del motivo.
Cerrar los p. del rev. con A.

### ACABADO

Entretejer los cabos.

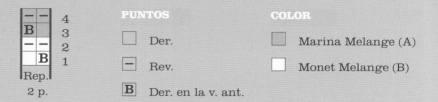

| | PUNTOS | COLOR |
|---|---|---|
| B 4 3 2 1 Rep. 2 p. | ☐ Der. | ▨ Marina Melange (A) |
| | − Rev. | ☐ Monet Melange (B) |
| | B Der. en la v. ant. | |

# Juego de aros

Esta bufanda náutica se ciñe al cuello para abrigarlo suavemente sobre el cuello de otras prendas.

## MATERIALES

**Lana**

Magnum, de Cascade, en madejas de 250 g y aprox. 112 m (lana)
- 4 madejas del n.º 8013 marrón (A)
- 1 madeja del n.º 9421 azul fuerte (B)

**Agujas**
- 2 agujas circulares (ag. circ.) del n.º 11 (8 mm), una de 40 cm de largo y una de 60 cm de largo, o del tamaño adecuado para la muestra

**Fornituras**
- Marcador de puntos (marc.)

## BUFANDA NÁUTICA CON AROS

El tejido adquiere aires arquitectónicos cuando se trabaja en "tubos" que se van formando con un motivo muy sencillo, para construir un tubo mayor. He incluido un solo tubo de color contrastado, pero se pueden crear distintas combinaciones de color, incluso hacer un tubo tras otro con restos de lana.

## MEDIDAS FINALES

**Circunferencia de los hombros:** 68 cm
**Circunferencia del cuello:** 45 cm
**Alto:** 28 cm

## MUESTRA

9 p. y 21 v. = 10 cm tejidos con motivos de aros y utilizando una ag. del n.º 11 (8 mm).
**Hacer siempre la muestra.**

## MOTIVO DE AROS

(Sobre un número de p. par)
**1.ª a 3.ª v.** del rev.
**4.ª a 6.ª v.** del der.
Rep. las v. 1.ª a 6.ª para el motivo de aros.

## BUFANDA NÁUTICA

Con A y la ag. de 40 cm, montar 40 p. Poner marc. y unir, con cuidado de no retorcer la labor.
Tejer el motivo de aros durante 35 v., terminando por la 5.ª v. del motivo.
Cambiar a la ag. de 60 cm.
**V. de aum.** *1 p. der., 1 aum. (tejiendo del der. el p. sig. por delante y por detrás); rep. desde * hasta el final = 60 p.
Tejer según el motivo de aros durante 11 v., terminando por la 5.ª v. del motivo.
Cambiar al color B y tejer 4 v. según el motivo, terminando por la 3.ª v. del motivo.
Cambiar al color A y tejer según el motivo 6 v. más, terminando por la 3.ª v. del motivo.
1 v. rev. La bufanda mide 28 cm desde el ppio.
Cerrar del der.

## ACABADO

Entretejer los cabos.

# Envolvente

Esta bufanda capucha extralarga forma una capelina que destaca por su magnífico colorido, su suavidad y su calidez.

## MATERIALES

**Lana**
Super Chunky pintada a mano, de Misty Alpaca, en ovillos de 100 g y de aprox. 50 m (alpaca/lana)
- 7 ovillos del n.º SCH07 azul lavanda

**Agujas**
- 1 aguja circular (ag. circ.) de 9 mm y de 74 cm de largo, o del tamaño adecuado para la muestra

**Fornituras**
- Marcador de puntos (marc.)

## BUFANDA CAPELINA CON MOTIVO DE AROS

Fue la lana (para ser exactos la alpaca gruesa pintada a mano) la que me inspiró esta prenda. Con sus colores apagados, su textura suave aunque firme y su volumen, tiene aspecto suntuoso, y lo es. Esta lana requiere una estructura que la revalorice y decidí optar por esos aros que abrazan los hombros y por el cuello alto de punto de elástico.

## MEDIDAS FINALES
**Circunferencia de los hombros:** 101,5 cm
**Alto (con el cuello doblado):** 57 cm

## MUESTRA
8 p. y 18 v. = 10 cm con el motivo de aros, utilizando una ag. de 9 mm.
**Hacer siempre la muestra.**

## MOTIVO DE AROS
(Sobre un número de p. par)
**1.ª a 4.ª v.** del rev.
**5.ª a 7.ª v.** del der.
Rep. las v. 1.ª a 7.ª para el motivo de aros.

## ELÁSTICO 2/2
(Sobre un número de p. múltiplo de 4)
**1.ª v.** *2 p. der., 2 p. rev.; rep. desde * hasta el final.
Rep. la 1.ª v. para el elástico 2/2.

## BUFANDA CAPUCHA
Montar 80 p. Poner marc. y unir, con cuidado de no retorcer la labor.
Tejer las v. 1.ª a 7.ª del motivo de aros 5 veces.
Tejer 2 v. más del der.
Tejer a p. de elástico 2/2 durante 37 cm.
La bufanda mide 57 cm desde el ppio.
Cerrar a p. de elástico.

## ACABADO
Entretejer los cabos.

# Clásico tweed

Dos tonos de gris de lana de angora en una bella combinación con una mezcla de cachemir rosa pálido para una bufanda cerrada clásica con un toque original.

## MATERIALES

### Lana
Luxury Tweed, de Debbie Bliss/KFI, en madejas de 50 g y aprox. 88 m (lana/angora)
- 1 madeja del n.º 10 gris pizarra (A) Cashmerino Chunky, de Debbie Bliss/KFI, en madejas de 50 g y aprox. 65 m (lana/microfibra/cachemir)
- 1 madeja del n.º 22 rosa claro (B) Luxury Tweed Chunky, de Debbie Bliss/KFI, en madejas de 100 g y aprox. 100 m (lana/angora)
- 1 madeja del n.º 2 plata (C)

### Agujas
- 1 aguja circular (ag. circ.) del n.º 7 (4,5 mm), 1 del n.º 9 (5,5 mm) y 1 del n.º 10½ (6,5 mm) y de 60 cm de largo, o del tamaño adecuado para la muestra

### Fornituras
- Marcador de puntos (marc.)
- Aguja de tapicería

## BUFANDA CAPUCHA DE TRES CALIBRES
Esta bufanda fue un experimento de varios calibres: con un mismo número de puntos y un mismo motivo, cambié el tipo de lana y el grosor de las agujas para lograr una gradación natural en la forma. Empieza más estrecha en el cuello y se va abriendo hacia abajo.

### MEDIDAS FINALES
**Circunferencia de los hombros:** 78 cm
**Circunferencia del cuello:** 52 cm
**Alto:** 32 cm

### MUESTRAS
18 p. y 26 v. = 10 cm en el motivo del gráfico, con ag. del n.º 7 (4,5 mm) y A.
15 p. y 22 v. = 10 cm en el motivo del gráfico, con ag. del n.º 9 (5,5 mm) y B.
12 p. y 18 v. = 10 cm en el motivo del gráfico, con ag. del n.º 10½ (6,5 mm) y C.
**Hacer siempre la muestra.**

### MOTIVO DEL GRÁFICO
(Sobre un número de p. múltiplo de 4)
**C2 izq.** (Cruce de 2 p. a la izq.): pasar la ag. dcha. por detrás del 1.er p. de la ag. izq. y tejer 2 p. der. ret., luego tejer del der. el 1.er p. y sacar los 2 p.
**1.ª a 5.ª v.** *2 p. der., 2 p. rev.; rep. desde * hasta el final.
**6.ª v.** *C2 izq., 2 p. rev.; rep. desde * hasta el final.
**7.ª a 11.ª v.** *2 p. rev., 2 p. der.; rep. desde * hasta el final.
**12.ª v.** *2 p. rev., C2 izq.; rep. desde * hasta el final.
Rep. las v. 1.ª a 12.ª del motivo del esquema de puntos.

## BUFANDA CAPUCHA
Con ag. del n.º 7 (4,5 mm) y A, montar 92 p. Marc. y unir, con cuidado de no retorcer la labor.
Tejer las v. 1.ª a 12.ª del esquema de puntos 3 veces.
Cortar A. Unir B. Cambiar a ag. del n.º 9 (5,5 mm).
**V. sig.** del der.
Tejer las v. 1.ª a 12.ª del esquema de puntos 1 vez, luego tejer las v. 1.ª a 6.ª 1 vez. Cortar B. Unir C y cambiar a ag. del n.º 10½ (6,5 mm).
**V. sig.** del der.
Tejer las v. 7.ª a 12.ª del esquema de puntos 1 vez, luego tejer las v. 1.ª a 9.ª. Cerrar siguiendo el motivo. La labor mide unos 32 cm desde el ppio.

### ACABADO
Entretejer los cabos.

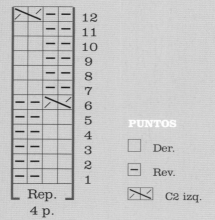

Rep.
4 p.

**PUNTOS**
☐ Der.
⊟ Rev.
⧄ C2 izq.

# Anudada y con lazo

Una suntuosa bufanda capucha de mohair, tan bonita como un regalo, que se ata con un gracioso lazo.

## BUFANDA CAPUCHA DE MOHAIR CON LAZO

Los lazos tienen encanto, pero a veces pueden resultar cursis. Esta es una forma de atarlos con elegancia.
El mohair aporta un aire suntuoso a la bufanda y la hace apta para el día y para la noche.

## MEDIDAS FINALES

**Circunferencia:** 63,5 cm
**Alto:** 22 cm

## MUESTRA

22 p. y 21 v. = 10 cm a p. de elástico perlado con 1 hebra de A y de B juntas y ag. del n.º 10½ (6,5 mm).
**Hacer siempre la muestra.**

## NOTA

Trabajar siempre con 1 hebra de A y 1 de B juntas.

## PUNTO DE ELÁSTICO PERLADO

(Sobre un número de p. múltiplo de 5)
**1.ª v.** *1 p. der., 1 p. rev., 2 p. der., 2 p. rev.; rep. desde * hasta el final.

**2.ª v.** *3 p. der., 2 p. rev.; rep. desde * hasta el final.
Rep. las v. 1.ª y 2.ª para el p. de elástico perlado.

## BUFANDA CAPUCHA

Con 1 hebra de A y 1 de B y la ag. circ., montar 95 p. Poner marc. y unir, con cuidado de no retorcer la labor.
Trabajar a p. de elástico perlado durante 63,5 cm.
Cerrar.

## LAZO

Con 1 hebra de A y 1 de B y las ag. dp., montar 12 p., y dividirlos por igual entre 3 ag.
Tejer del der. hasta que la tira mida 117 cm.
Cerrar.

## ACABADO

Unir un extremo de la bufanda con el otro, con cuidado de no retorcer el tubo. Para el lazo, hacer una costura en cada extremo, utilizando las hebras. En los dos casos, entretejer los cabos.

# Mejor con mohair

Un motivo de dibujo con textura realza la belleza del mohair.
¡Hacerlo dos veces para disfrutar el doble!

## MATERIALES

### Lana
La Gran, de Classic Elite Yarns, en ovillos de 42 g y aprox. 82 m (mohair/lana/nailon)
- 4 ovillos del n.º 6527 rojo chino, o del n.º 63588 flor de melocotón

### Agujas
- 1 aguja circular (ag. circ.) del n.º 10 (6 mm) y 74 cm de largo, o del tamaño adecuado para la muestra

### Fornituras
- Marcador de puntos (marc.)

## BUFANDA CAPUCHA A PUNTO DE MADROÑOS
El mohair es la hebra más exquisita y ¡cuanto más mohair, mejor!, como digo yo. Una de estas confortables bufandas basta para abrigar, pero ¿por qué no tejer dos (o más) en colores fuertes y lucirlas una sobre otra?

## MEDIDAS FINALES
**Circunferencia:** 84 cm
**Alto:** 43 cm

## MUESTRA
16 p. y 20 v. = 10 cm tejidos a p. de madroños con ag. del n.º 10 (6 mm). Hacer siempre la muestra.

## NOTA
Para que resulte más fácil el p. de madroños tejido en redondo, la bufanda se teje siempre por el rev. lab. Cuando esté terminada, se vuelve del der.

## PUNTO DE MADROÑOS
(Sobre un número de p. múltiplo de 4)
**1.ª y 3.ª v.** del der.
**2.ª v.** *3 p. j. rev., [1 p. der., 1 p. rev., 1 p. der.] en el p. sig.; rep. desde * hasta el final.
**4.ª v.** *[1 p. der., 1 p. rev., 1 p. der.] en el p. sig.; 3 p. j. rev.; rep. desde * hasta el final.
Rep. las v. 1.ª a 4.ª para el p. de madroños.

## ELÁSTICO 1/1
(Sobre un número de p. par)
**1.ª v.** *1 p. der., 1 p. rev.; rep. desde * hasta el final.
Rep. la 1.ª v. para el elástico 1/1.

## BUFANDA CAPUCHA
Montar 132 p. Poner marc. y unir, con cuidado de no retorcer la labor.
Tejer a p. de elástico 1/1 durante 6,5 cm.
Tejer a p. de madroños durante 30 cm.
Tejer a p. de elástico 1/1 durante 6,5 cm.
La bufanda mide 43 cm desde el ppio.
Cerrar a p. de elástico. Volver la bufanda del derecho.

## ACABADO
Entretejer los cabos.

# Rapsodia en azul

Esta combinación de hebra de pelo y mezcla de cachemir será como una rapsodia para tus oídos… y para tu cuello y tus manos.

## MATERIALES

### Lana

Cashmerino Chunky, de Debbie Bliss/KFI, en madejas de 50 g y aprox. 65 m (lana/microfibra/cachemir)

- 8 madejas del n.º 18 azul marino (A) Beaver Yarn Standard, de Paula Lishman, en madejas de 30 g y aprox. 13,5 m (pelo de castor)
- 2 madejas en Blue Sapphire (azul zafiro) (B)

(**Nota:** la hebra de piel lleva una hebra de algodón a tono que yo denomino C en las explicaciones)

### Agujas

- (Gorro) 1 aguja circular (ag. circ.) del n.º 8 y 1 del n.º 10 (5 y 6 mm), de 40 cm de largo, o del tamaño adecuado para la muestra
- (Bufanda náutica) 1 aguja circular (ag. circ.) del n.º 10 (6 mm) y 40 cm de largo, o del tamaño adecuado para la muestra
- (Mitones) 1 juego de 4 agujas de doble punta (ag. dp.) del n.º 8 y 1 del n.º 10 (5 y 8 mm), o del tamaño adecuado para la muestra

### Fornituras

- Marcador de puntos (marc.) y 2 imperdibles
- Aguja de tapicería

## CONJUNTO DE TRES PIEZAS

Una bufanda agradable a juego con un gorro y unos guantes sin dedos son lo más en calidez y lujo. Una hebra de pelo teñido en azul alterna con una mezcla de cachemir azul marino para formar un original motivo rayado de rica textura.

## MEDIDAS FINALES

### Gorro
- **Circunferencia:** 54 cm
- **Alto:** 28,5 cm

### Bufanda náutica
- **Circunferencia:** 61 cm
- **Alto:** 31 cm

### Mitones
- **Contorno de muñeca:** 24 cm
- **Contorno de la mano (sin estirar):** 16,5 cm
- **Alto:** 33 cm

## MUESTRA

15 p. y 21 v. = 10 cm en el motivo A con ag. del n.º 10 (6 mm).
Hacer siempre la muestra.

## GLOSARIO DE PUNTOS

1 aum.: 1 p. der. en la presilla de la v. ant. de la ag. izq., luego 1 p. der. en el p. sig.

## ELÁSTICO 1/1

(Sobre un número de p. par)
**1.ª v.** *1 p. der., 1 p. rev.; rep. desde * hasta el final.
Rep. la 1.ª v. para el elástico 1/1.

## MOTIVO A

(Sobre un número de p. par)
**1.ª v.** *1 p. der. con B, 1 p. der. con C; rep. desde * hasta el final.
**2.ª v.** con A, *1 p. der. ret., 1 p. der.; rep. desde * hasta el final.
**3.ª a 7.ª v.** con A, del der.
Rep. las v. 1.ª a 7.ª para el motivo A.

## MOTIVO B

(Sobre un número de p. par)
**1.ª v.** *1 p. der. Con B, 1 p. der. con C; rep. desde * hasta el final.
**2.ª v.** con A, *1 p. der. ret., 1 p. der.; rep. desde * hasta el final.
**3.ª a 5.ª v.** con A, del der.
Rep. las v. 1.ª a 5.ª para el motivo B.

## GORRO

Con la ag. más fina y A, montar 80 p.
Poner marc. y unir, con cuidado de no retorcer la labor.
Tejer a p. de elástico 1/1 durante 18 cm.
Cambiar a la ag. más gruesa.
Tejer 1 v. der.
Tejer las v. 1.ª a 7.ª del motivo A 4 veces, luego las v. 1.ª y 2.ª 1 vez.

### Corona
Tejer 5 v. a p. de elástico 1/1.
V. de mg. *SS., 2 p. j. rev.; rep. desde * hasta el final = 40 p.
Tejer 2 v. a p. de elástico 1/1.
Rep. las 3 últimas v. 1 vez = 20 p.
Hacer otra v. de mg. = 10 p.
Cortar la hebra dejando unos 15 cm.
Enhebrar en una ag. de tapicería, reunir los p. restantes y cerrar.

## ACABADO

Entretejer los cabos. Doblar la banda inferior por la mitad hacia dentro y coserla.

## BUFANDA NÁUTICA

Con A, montar 90 p. Poner marc. y unir, con cuidado de no retorcer la labor.
Tejer a p. de elástico 1/1 durante 5 cm.
Tejer las v. 1.ª a 7.ª del motivo A 6 veces, luego las v. 1.ª y 2.ª 1 vez.
Tejer a p. de elástico 1/1 durante 5 cm.
Cerrar los p. como corresponda.

## ACABADO

Entretejer los cabos.

## MITONES

Con las ag. más finas y A, montar 36 p. y dividirlos por igual entre 3 ag. Poner marc. y unir.

Tejer a p. de elástico 1/1 durante 14 cm.

Cambiar a las ag. más gruesas.

Tejer 2 v. del der.

Tejer las v. 1.ª a 5.ª del motivo B 3 veces.

### Forma del pulgar

**1.ª v.** 1 p. der., 1 aum., [1 p. der., 1 p. rev.] 16 veces, 1 aum., 1 p. der. = 38 p.

**2.ª v.** 3 p. der., tejer a p. de elástico 1/1 hasta los 3 últimos p., 3 p. der.

**3.ª v.** 2 p. der., 1 aum., elástico 1/1 hasta los 3 últimos p., 1 aum., 2 p. der. = 40 p.

**4.ª v.** 4 p. der., elástico 1/1 hasta los 4 últimos p., 4 p. der.

**5.ª v.** 3 p. der., 1 aum., elástico 1/1 hasta los 4 últimos p., 1 aum., 3 p. der. = 42 p.

**6.ª v.** 5 p. der., elástico 1/1 hasta los 5 últimos p., 5 p. der.

**7.ª v.** 4 p. der., 1 aum., elástico 1/1 hasta los 5 últimos p., 1 aum., 4 p. der. = 44 p.

**8.ª v.** 6 p. der., elástico 1/1 hasta los 6 últimos p., 6 p. der.

**9.ª v.** 6 p. der. y pasarlos a un imperdible, elástico 1/1 hasta los 6 últimos p., pasar estos 6 p. a otro imperdible, montar 4 p. = 36 p.

Poner marc., unir y tejer a p. de elástico 1/1 durante 5 cm. Cerrar los p. como corresponda.

### Pulgar

Pasar los 12 p. de los imperdibles a 2 ag. dp.

Con una tercera ag. dp., recoger y tejer del der. 4 p. a lo largo de los p. cerrados en el interior del pulgar = 16 p.

Tejer 5 v. a p. de elástico 1/1. Cerrar los p. como corresponda.

## ACABADO

Entretejer los cabos.

# Equipo de polo

Un cuello alto minimalista de cachemir y un broche de lana
y cuentas muy fácil de hacer forman un buen equipo.

## MATERIALES

### Lana
Posh, de Classic Elite Yarns, en madejas de 50 g y aprox. 114 m (cachemir/seda)
- 3 madejas del n.º PSH93052 frambuesa (A)
- 1 madeja del n.º PSH93053 océano (B)

### Agujas
- 1 aguja circular (ag. circ.) del n.º 6 (4 mm) de 40 cm de largo, o del tamaño adecuado para la muestra
- 1 juego de 4 agujas de doble punta (ag. dp.) del n.º 6 (4 mm)

### Fornituras
- Marcador de puntos (marc.)
- Aguja de tapicería
- 90 cuentas de vidrio 6 x 5, color azul pato intermedio, H20-1828GB
- 1 imperdible de 5 cm

## CUELLO VUELTO DE CACHEMIR
Perfecto para la mujer moderna y con estilo, esta bufanda de cachemir se trabaja simplemente a punto de elástico formando un cuello alto clásico. Se teje primero ida y vuelta y se cierra uniéndola cuando se han tejido las vueltas que forman los picos del cuello. El broche con cuentas se teje a juego con el cuello o en un color que haga contraste para que destaque.

### MEDIDAS FINALES
**Circunferencia:** 46 cm
**Alto (sin doblar):** 36 cm

### MUESTRA
28 p. y 28 v. = 10 cm a p. de elástico 1/1 con ag. del n.º 6 (4 mm).
**Hacer siempre la muestra.**

### CUELLO
Montar 126 p. con A. No unir. Trabajar ida y vuelta como sigue:
**1.ª v. (der. lab.)** *1 p. der., 1 p. rev.; rep. desde * hasta el final.
**2.ª v. (rev. lab.)** *1 p. der., 1 p. rev.; rep. desde * hasta el final.
Rep. las v. 1.ª y 2.ª hasta que la labor mida 10 cm desde el ppio., terminando por una v. por el rev. lab. No girar. Acercar la otra punta de la ag., poner marc. en la ag. dcha. y unir para trabajar en redondo.
Tejer a p. de elástico 1/1 hasta que la labor mida 36 cm desde el ppio. Cerrar a p. de elástico 1/1.

## BROCHE DE FLOR
**Nota:** tejer la flor siempre con 2 hebras de B.
Con 2 hebras de B y ag. dp. y dejando una hebra de 61 cm, montar 12 p., dividirlos por igual entre 3 ag. Unir y tejer como sigue:
**1.ª y 2.ª v.** del der.
**3.ª y 5.ª v.** *1 p. der., pero dejando el p. en la ag. izq., pasar la h. hacia delante de la labor entre las ag., enrollarla en sentido contrario a las agujas del reloj sobre el pulgar izq. y volver a pasar la h. hacia detrás de la labor, volver a hacer del der. el p. de la ag. izq., sacarlo de la ag., pasar el 2.º p. de la ag. dcha. por encima del 1.º y sacarlo; rep. desde * hasta el final.
**4.ª v.** *1 p. der., 1 aum.; rep. desde * hasta el final = 24 p.
Cerrar, dejando una hebra de 30,5 cm. Enhebrar esa hebra del final en la ag. de tapicería, doblar la última v. hacia dentro de la labor y coserla por debajo.
**Añadir las cuentas**
Enhebrar la hebra del ppio. en la ag. de tapicería, enfilar 9 cuentas y rematar la hebra junto al lugar por donde salió, formando un pétalo de cuentas. Repetir alrededor del círculo central 9 veces más. Prender un imperdible por debajo. Entretejer los cabos.

## ACABADO
Entretejer los cabos del cuello.

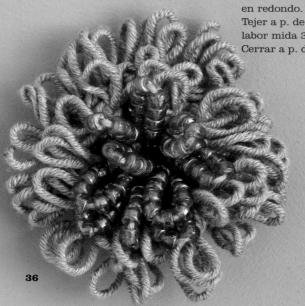

# Dulce y abrigada

Esta superbufanda capucha es grande y vistosa
e invita a envolverse en ella.

## MATERIALES

### Lana

Savanna, de Muench Yarns, en
ovillos de 50 g y de aprox. 80 m
(alpaca/lana/poliamida)
• 5 ovillos del n.º 3 rosa

### Agujas

• 1 aguja circular (ag. circ.) del
n.º 8 y 1 del n.º 9 (5 y 5,5 mm)
y 74 cm de largo, o del tamaño
adecuado para la muestra
• Aguja para ochos (ag. aux.)

### Fornituras

• Marcador de puntos (marc.)

## BUFANDA CAPUCHA DE OCHOS

Esta bufanda tiene una
circunferencia tan grande que
incluso se puede colocar sobre los
hombros a modo de capelina
juvenil o cubrir con ella la cabeza.
Los motivos son los tradicionales
de Aran con bordes de elástico
retorcido.

## MEDIDAS FINALES

**Circunferencia:** 96,5 cm
**Alto:** 39,5 cm

## MUESTRAS

17 p. y 20 v. = 10 cm a p. de
elástico retorcido con la ag. más
fina.
17 p. y 20 v. = 10 cm en el motivo
del gráfico con la ag. más gruesa.
Una rep. de 38 p. = 24 cm.
**Hacer siempre la muestra.**

## GLOSARIO DE PUNTOS

**C8 dcha.** (cruce de 8 p. a la dcha.)
desl. 4 p. a una ag. aux. por detrás
de la labor, 1 p. der., 2 p. rev., 1 p. der.;
1 p. der., 2 p. rev., 1 p. der. de la ag. aux.
**C8 izq.** (cruce de 8 p. a la izq.) desl. 4 p. a
una ag. aux. por delante de la labor, 1 p.
der., 2 p. rev., 1 p. der.; 1 p. der., 2 p. rev.,
1 p. der. de la ag. aux.

## ELÁSTICO RETORCIDO

(Sobre un numero de p. par)
**1.ª v.** *1 p. der. ret., 1 p. rev.; rep. desde *
hasta el final.
Rep. la 1.ª v. para el elástico retorcido.

## MOTIVO DEL GRÁFICO
## (VER PÁGINA 130)

(Rep. de 38 p.)
**1.ª v.** *[1 p. der., 2 p. rev., 1 p. der.]
2 veces, 3 p. rev., [1 p. der., 1 p. rev., 1 p.
der., 1 p. rev., 1 p. der.] en el mismo p.,
3 p. rev., 1 p. der., 2 p. rev., [2 p. der., 2 p.
rev.] 3 veces, 1 p. der., 3 p. rev., [1 p. der.,
1 p. rev., 1 p. der., 1 p. rev., 1 p. der.] en el
mismo p., 3 p. rev.; rep. desde *.
**2.ª, 5.ª, 6.ª y 9.ª v.** *[1 p. der., 2 p. rev.,
1 p. der.] 2 veces, 3 p. rev., 5 p. der., 3 p.
rev., 1 p. der., 2 p. rev., [2 p. der., 2 p.
rev.] 3 veces, 1 p. der., 3 p. rev., 5 p. der.,
3 p. rev.; rep. desde *.
**3.ª, 4.ª y 8.ª v.** *3 p. der., 2 p. rev., 3 p.
der., 3 p. rev., 5 p. der., 3 p. rev., 1 p. der.,
2 p. rev., [2 p. der., 2 p. rev.] 3 veces, 1 p.
der., 3 p. rev., 5 p. der., 3 p. rev.; rep.
desde *.
**7.ª v.** *3 p. der., 2 p. rev., 3 p. der., 3 p.
rev., 5 p. der., 3 p. rev., C8 dcha., C8 izq.,
3 p. rev., 5 p. der., 3 p. rev.; rep. desde *.
**10.ª v.** *[1 p. der., 2 p. rev., 1 p. der.]
2 veces, 3 p. rev., 5 p. j. der., 3 p. rev., 1 p.
der., 2 p. rev., [2 p. der., 2 p. rev.] 3 veces,
1 p. der., 3 p. rev., 5 p. j. der., 3 p. rev.;
rep. desde *.
**11.ª y 12.ª v.** *3 p. der., 2 p. rev., 3 p. der.,
7 p. rev., 1 p. der., 2 p. rev., [2 p. der., 2 p.
rev.] 3 veces, 1 p. der., 7 p. rev.; rep.
desde *.

**13.ª y 14.ª v.** *[1 p. der., 2 p. rev., 1 p.
der.] 2 veces, 7 p. rev., 1 p. der., 2 p. rev.,
[2 p. der., 2 p. rev.] 3 veces, 1 p. der., 7 p.
rev.; rep. desde *.
**15.ª v.** *3 p. der., 2 p. rev., 3 p. der., 3 p.
rev., [1 p. der., 1 p. rev., 1 p. der.] en el
mismo p., 3 p. rev., 1 p. der., 2 p. rev.,
[2 p. der., 2 p. rev.] 3 veces, 1 p. der., 3 p.
rev., [1 p. der., 1 p. rev., 1 p. der.] en el
mismo p., 3 p. rev.; rep. desde *.
**16.ª v.** *3 p. der., 2 p. rev., [3 p. der., 3 p.
rev.] 2 veces, 1 p. der., 2 p. rev., [2 p. der.,
2 p. rev.] 3 veces, 1 p. der., 3 p. rev., 3 p.
der., 3 p. rev.; rep. desde *.
**17.ª v.** *[1 p. der., 2 p. rev., 1 p. der.]
2 veces, 3 p. rev., 3 p. der., 3 p. rev., C8
dcha., C8 izq., 3 p. rev., 3 p. der., 3 p. rev.;
rep. desde *.
**18.ª v.** *[1 p. der., 2 p. rev., 1 p. der.]
2 veces, 3 p. rev., 3 p. j. der., 3 p. rev., 1 p.
der., 2 p. rev., [2 p. der., 2 p. rev.] 3 veces,
1 p. der., 3 p. rev., 3 p. j. der., 3 p. rev.;
rep. desde *.
**19.ª y 20.ª v.** rep. la 11.ª v.
Rep. las v. 1.ª a 20.ª para el motivo del
esquema de puntos.

## BUFANDA CAPUCHA

Con la ag. más fina, montar 152 p. Poner
marc. y unir, con cuidado de no retorcer
la labor.
Trabajar a p. de elástico ret. durante 4,5 cm.
Cambiar a la ag. más gruesa.
Empezar el motivo del esquema de puntos
(ver página 130).
**1.ª v.** tejer 8 veces la rep. de 38 p. del
esquema de puntos.
Continuar con el motivo hasta haber
tejido 3 veces las 20 v. del motivo del
esquema de puntos. Cambiar a la ag.
más fina.
Tejer a p. de elástico ret. durante 4,5 cm.

## ACABADO

Entretejer los cabos.

# Reina de corazones

Inspirada en los espectaculares cuellos de volantes de la época isabelina, esta bufanda capucha te hará sentir como una reina.

## MATERIALES

### Lana

Lamb's Pride Bulky, de Brown Sheep Company, en madejas de 113 g y aprox. 114 m (lana/mohair)

- (Bufanda negra y gris) 3 madejas del n.º M-05 ónice (A)
- (Bufanda negra y gris) 1 madeja del n.º M-03 gris brezo (B)
- (Bufanda naranja) 3 madejas del n.º M-110 naranja

### Agujas

- 1 aguja circular (ag. circ.) del n.º 10½ (6,5 mm) de 60 cm de largo, o del tamaño adecuado para la muestra
- 2 agujas circulares (ag. circ.) del n.º 10½ (6,5 mm) de 40 cm de largo

### Fornituras

- Marcador de puntos (marc.)
- Aguja de tapicería

## BUFANDA CAPUCHA DE VOLANTES

Tejida en un llamativo color naranja o en sutiles combinaciones de negro y gris, esta exuberante bufanda realzará cualquier vestimenta.

## MEDIDAS FINALES

**Circunferencia del cuello:** 66 cm
**Alto:** 16,5 cm

## MUESTRA

12 p. y 23 v. = 10 cm a p. de musgo con ag. del n.º 10½ (6,5 mm).
**Hacer siempre la muestra.**

## NOTAS

**1)** Al cambiar de color, recoger el nuevo por debajo de la hebra del color anterior para evitar agujeros.
**2)** Pasar la hebra del color que no se esté utilizando por el revés de la labor sin que quede tirante.

## GLOSARIO DE PUNTOS

### Punto de musgo

**1.ª v.** del der.
**2.ª v.** del rev.
Rep. la 1.ª y 2.ª v. para el p. de musgo.

## BUFANDA CAPUCHA NEGRA Y GRIS

### 1.ª capa

Con la ag. circ. más larga y A, montar 132 p. Poner marc. y unir, con cuidado de no retorcer la labor. Tejer 28 v. a p. de musgo.
Cambiar a la ag. circ. más corta.
**V. de mg.** *2 p. j. der.; rep. desde * hasta el final = 66 p.
Cortar la hebra. Dejar los p. en la ag.

### 2.ª capa

Montar y tejer como la 1.ª capa pero tejiendo 20 v. (en lugar de 28) a p. de musgo.
Cambiar a la ag. circ. más corta.
**V. de mg.** *2 p. j. der.; rep. desde * hasta el final = 66 p. No cortar la hebra.
Unir a la 1.ª capa de este modo:
Poner la 2.ª capa sobre la 1.ª capa.
**V. sig.** *1 p. der. tejiendo 1 p. de la 2.ª capa junto con 1 p. de la 1.ª capa; rep. desde * hasta haber tejido todos los p. de la 1.ª capa. Reservar. Cortar la hebra.

### 3.ª capa

Montar y tejer como la 1.ª capa, pero haciendo 16 v. a p. de musgo. Cambiar a la ag. circ. más corta.
**V. de mg.** *2 p. j. der.; rep. desde * hasta el final = 66 p. No cortar la hebra.
Unir a la 2.ª capa de este modo:
Poner la 3.ª capa sobre la 2.ª capa.

**V. sig.** *1 p. der. tejiendo 1 p. de la 3.ª capa junto con 1 p. de la 2.ª capa; rep. desde * hasta haber tejido todos los p. de la 2.ª capa. Reservar. No cortar la hebra.

### 4.ª capa

Con B, montar y tejer igual que la 1.ª capa, pero haciendo 14 v. a p. de musgo. Cambiar a la ag. circ. más corta.
**V. de mg.** *2 p. j. der.; rep. desde * hasta el final = 66 p. No cortar la hebra.
Unir a la 3.ª capa de este modo:
Poner la 4.ª capa sobre la 3.ª capa.
**V. sig.** *1 p. der. tejiendo 1 p. de la 4.ª capa junto con 1 p. de la 3.ª capa; rep. desde * hasta haber tejido todos los p. de la 3.ª capa. Reservar. No cortar la hebra.
Tejer 5 v. del rev. Cerrar sin apretar.

## ACABADO

Entretejer los cabos.

## BUFANDA CAPUCHA NARANJA

### 1.ª capa

Con la ag. circ. más larga, montar 132 p. Poner marc. y unir, con cuidado de no retorcer la labor. Tejer 28 v. a p. de musgo.
Cambiar a la ag. circ. más corta.
**V. de mg.** *2 p. j. der.; rep. desde * hasta el final = 66 p.
Cortar la hebra. Dejar los p. en la ag.

### 2.ª capa

Montar y tejer como la 1.ª capa pero tejiendo 22 v. (en lugar de 28) a p. de musgo.
Cambiar a la ag. circ. más corta.
**V. de mg.** *2 p. j. der.; rep. desde * hasta el final = 66 p. No cortar la hebra.
Unir a la 1.ª capa de este modo:
Poner la 2.ª capa sobre la 1.ª capa.
**V. sig.** *1 p. der. tejiendo 1 p. de la 2.ª capa junto con 1 p. de la 1.ª capa; rep. desde * hasta haber tejido todos los p. de la 1.ª capa. Reservar. Cortar la hebra.

### 3.ª capa

Montar y tejer como la 1.ª capa, pero haciendo 14 v. a p. de musgo. Cambiar a la ag. circ. más corta.
**V. de mg.** *2 p. j. der.; rep. desde * hasta el final = 66 p. No cortar la hebra.
Unir a la 2.ª capa de este modo:
Poner la 3.ª capa sobre la 2.ª capa.
**V. sig.** *1 p. der. tejiendo 1 p. de la 3.ª capa junto con 1 p. de la 2.ª capa; rep. desde * hasta haber tejido todos los p. de la 2.ª capa. No cortar la hebra.
Tejer 5 v. del rev. Cerrar sin apretar.

## ACABADO

Entretejer los cabos.

# Abotonada

¿Qué puede haber más abrigado que una bufanda náutica ceñida al cuello? ¡Pues esta además es doble!

## MATERIALES

### Lana

Montana, de Tahki/Tahki-Stacy Charles, Inc., en madejas de 100 g y aprox. 120 m (lana)
- 2 madejas del n.º 016 negro y blanco

### Agujas

- 1 aguja circular (ag. circ.) del n.º 10½ (6,5 mm) y 60 cm de largo, o del tamaño adecuado para la muestra
- 1 aguja de doble punta (ag. dp.) del n.º 10½ (6,5 mm)

### Fornituras

- 2 marcadores de puntos (marc.)
- Aguja de tapicería
- 3 botones de 20 mm

## BUFANDA NÁUTICA A PUNTO DE ELÁSTICO GRUESO

Esta desenfadada bufanda náutica se puede meter debajo del abrigo a modo de pechera, o lucirla por fuera. Juega con el color y tamaño de los botones: elígelos coordinados para un efecto sutil o presentando un fuerte contraste para animar.

## MEDIDAS FINALES

**Circunferencia de los hombros:** 88 cm
**Circunferencia del cuello:** 52 cm
**Alto:** 32 cm

## MUESTRA

16 p. y 20 v. = 10 cm a p. de elástico 2/2 con ag. del n.º 10½ (6,5 mm).
**Hacer siempre la muestra.**

## NOTA

Los primeros 15 cm de la bufanda (la parte que va doblada) se trabajan ida y vuelta, luego se une la labor y se trabaja en redondo. El der. lab. queda mirando hacia el der. lab. de la porción siguiente, de manera que al doblar el cuello, se vea siempre el der. lab.

## ELÁSTICO 2/2

(Sobre un número de p. múltiplo de 4 más 2)
**1.ª v. (der. lab.)** *2 p. der., 2 p. rev.; rep. desde *, terminando por 2 p. der.
**2.ª v.** *2 p. rev., 2 p. der.; rep. desde *, terminando por 2 p. rev.
Rep. la 1.ª y 2.ª v. para el elástico 2/2.

## BUFANDA NÁUTICA

### Cuello

Montar 90 p. No unir.
Trabajar ida y vuelta, de esta manera:
**1.ª v. (der. lab.)** 4 p. der., poner marc., tejer a p. de elástico 2/2 hasta los 4 últimos p., 4 p. der.

**2.ª v.** 4 p. der., elástico 2/2 hasta los 4 últimos p., 4 p. der.
Rep. 1 vez más la 1.ª y 2.ª v.
**V. de ojal (der. lab.)** 2 p. der., SS., h., marc., trabajar el motivo hasta el final.
Hacer 9 v. según el motivo.
Tejer 1 vez más las 10 últimas v.
**V. sig.** hacer una v. de ojal.
Tejer 4 v. según el motivo.
Tejer 1 v. más, quitando el marc. y trabajando hasta que queden 4 p. en la ag. izq. Pasar esos 4 p. a una ag. dp. La labor mide unos 15 cm. No girar la labor. Empezar a trabajar en redondo de esta manera:
**V. sig.** marc. en la ag. dcha. al ppio. de la v., sujetar los 4 p. de la ag. dp. por detrás de los 4 primeros p. de la ag. izq., [1 p. der. tejiendo 1 p. de la ag. izq. y 1 p. de la ag. dp.] 4 veces, [2 p. rev., 2 p. der.] 20 veces, 2 p. rev. = 86 p.
**V. sig.** [2 p. j. der.] 2 veces, [2 p. j. rev., 2 p. der.] 20 veces. 2 p. j. rev. = 63 p.
**V. sig.** *2 p. der., 1 p. rev.; rep. desde * hasta el final.
Rep. esta última v. hasta que la labor mida 25,5 cm desde el ppio.

### Hombros

**1.ª v.** *1 p. der., 1 aum., 1 p. der., 1 p. rev.; rep. desde * hasta el final = 84 p.
**2.ª a 6.ª v.** *3 p. der., 1 p. rev.; rep. desde * hasta el final.
**7.ª v.** [1 p. der., 1 aum.] 2 veces, 1 p. der., 1 p. rev.; rep. desde * hasta el final = 126 p.
**8.ª a 12.ª v.** *5 p. der., 1 p. rev.; rep. desde* hasta el final.
Cerrar los p. como corresponda.

## ACABADO

Entretejer los cabos.

# Verde lima

Una bufanda capucha tejida en un color cítrico iluminará
como un rayo de sol las negras sombras del invierno.

**Lana**

Handspun Merino, de Be Sweet, en ovillos de 100 g y aprox. 59 m (lana merina hilada a mano)
• 11 ovillos en verde ácido

**Agujas**
• 1 aguja circular (ag. circ.) del n.º 11 (8 mm) y 74 cm de largo, o del tamaño adecuado para la muestra

**Fornituras**
• Marcadores de puntos (marc.)

## BUFANDA CAPUCHA A PUNTO DE ARROZ

Se trabaja en redondo de abajo arriba, con un canesú menguado a inglete para ajustarse a los hombros, con un gran cuello a punto de arroz. Lo que aporta unidad a estos elementos es la lana verde fosforescente tan espectacular.

## MEDIDAS FINALES

**Circunferencia de los hombros:** 134,5 cm
**Circunferencia del cuello:** 87,5 cm
**Alto (sin doblar el cuello):** aprox. 35,5 cm

## MUESTRAS

8 p. y 18 v. = 10 cm a p. de arroz con ag. del n.º 11 (8 mm).
10 p. y 14 v. = 10 cm a p. de elástico 2/2 con ag. del n.º 11 (8 mm).
**Hacer siempre la muestra.**

## PUNTO DE ARROZ

(Sobre un número de p. impar)
**1.ª v.** *1 p. rev., 1 p. der.; rep. desde * hasta el final, terminando por 1 p. rev.
**2.ª v.** *1 p. der., 1 p. rev.; rep. desde * hasta el final, terminando por 1 p. der.
Rep. la 1.ª y 2.ª v. para el p. de arroz.

## BUFANDA CAPUCHA

Montar 66 p., marc., montar 66 p.
= 132 p. Poner marc. y unir, con cuidado de no retorcer la labor.
**V. sig.** *[2 p. der., 2 p. rev.] 16 veces, 2 p. der., desl. marc.; rep. desde * 1 vez más.
**V. sig. (mg.)** [SS., tejer a p. de elástico 2/2 hasta 2 p. antes del marc., 2 p. j. der., desl. marc.] 2 veces = 128 p.
**V. sig.** [1 p. der., tejer a p. de elástico 2/2 hasta 1 p. antes del marc., 1 p. der., desl. marc.] 2 veces.
Rep. otras 9 veces estas 2 últimas v. = 92 p.
**V. sig.** *1 p. der., 1 p. rev., [SS., 2 p. rev.] 10 veces, SS., 1 p. rev., 1 p. der., desl. marc.; rep. desde * 1 vez más = 70 p.
**V. sig. (mg.)** 2 p. j. der., *1 p. rev., 1 p. der.; rep. desde * hasta el final = 69 p.
Tejer a p. de arroz durante 19 cm. La labor mide unos 35,5 cm desde el ppio. Cerrar.

## ACABADO

Entretejer los cabos asegurándose de que no se vean en la parte de p. de arroz una vez doblado el cuello.

# Volantes

Los volantes de alpaca, con su maravillosa suavidad, logran un accesorio irresistible. Es lo más en cuello romántico.

## MATERIALES

**Lana**

Inca Alpaca, de Classic Elite Yarns, en madejas de 50 g y aprox. 99 m (alpaca)
- 4 madejas del n.º 1182 violeta brezo (A)
- 1 madeja del n.º 1179 uva santo (B)

**Agujas**
- 1 aguja circular (ag. circ.) del n.º 7 (4,5 mm) de 60 cm y 1 de 74 cm, o del tamaño adecuado para la muestra
- Juego de 4 agujas de doble punta (ag. dp.) del n.º 6 (4 mm)

**Fornituras**
- Marcador de puntos (marc.)
- Aguja de tapicería
- 1,8 m de cinta de 2,5 cm de ancho

## CUELLO DE VOLANTES

Este bonito cuello se confecciona con tres aros concéntricos tejidos por separado. Se fruncen con una cinta pasada por los calados de las tres capas. Como es de lana fina se tarda un poco en tejerlo, pero vale la pena porque esta deliciosa prenda formará parte del patrimonio familiar.

## MEDIDAS FINALES

**Circunferencia (volante intermedio):** 51 cm
**Alto:** 18 cm

## MUESTRA

20 p. y 26 v. = 10 cm tejidos a p. liso der. con ag. del n.º 7 (4,5 mm).
**Hacer siempre la muestra.**

## COLLAR

**Volante inferior**

Con la ag. circ. más larga y B, montar 400 p. Cortar B. Unir A. Girar la labor.
**V. sig. (der. lab.)** *2 p. der., pasar el 2.º p. de la ag. der. por encima del 1.º y sacarlo; rep. desde * hasta el final = 200 p. No girar. Poner marc. en la ag. der. y unir la labor para trabajar en redondo.
Tejer 1 v. del rev.
Tejer 18 v. del der.
Cambiar a la ag. circ. más corta.
**V. de mg.** *2 p. j. der.; rep. desde * hasta el final = 100 p.

Tejer 2 v. del der.
**V. de calados** *3 p. der., h., 2 p. j. der.; rep. desde * hasta el final.
Tejer 2 v. del der.
Cambiar a la ag. circ. más larga.
**V. de aum.** *tejer el p. del der. por detrás y por delante; rep. desde * hasta el final = 200 p.
Tejer 18 v. del der.
Tejer 1 v. del rev.
**V. de aum.** *tejer el p. del der. por detrás y por delante; rep. desde * hasta el final = 400 p. Cortar A. Unir B. Cerrar.

**Volante intermedio**
Tejer igual que el volante inferior, pero haciendo 13 v. del der. (en lugar de 18) arriba y debajo de la v. del rev.

**Volante superior**
Tejer igual que el volante inferior, pero haciendo 3 v. del der. (en lugar de 18) arriba y debajo de la v. del rev.

## ACABADO

Entretejer los cabos. Fijar las capas humedeciéndolas para evitar que se ricen demasiado, pero no tanto como para que se deshagan los frunces. Dejar secar del todo. Poner las capas una sobre otra, con la primera abajo, la segunda en el centro y la tercera arriba. Casar los calados de las capas. Pasar la cinta por arriba y por debajo por los calados, todo alrededor del cuello.

# Piel de imitación

El glamour sumado a la calidez de esta fabulosa bufanda
con pelo, igual a felicidad.

## MATERIALES

### Lana

Superwash Merino Cashmere, de
Lion Brand Yarn, en madejas de
40 g y aprox. 80 m (lana merina
superwash/nailon/cachemir)
- 8 madejas del n.º 153 ebonita (A)
  Festive Fur, de Lion Brand Yarn,
  en madejas de 50 g y aprox. 50 m
  (poliéster/poliéster metalizado)
- 3 madejas del n.º 153 negro (B)

### Agujas
- 1 aguja circular (ag. circ.) del
  n.º 10½ (6,5 mm) y 40 cm de largo,
  o del tamaño adecuado para la
  muestra

### Fornituras
- Marcador de puntos (marc.)

## DONUT DE PIEL DE IMITACIÓN

La lana de mezcla de cachemir y de pelo
imitando piel y la alternancia de motivos
forman un cuello redondo, de rica
textura. El color negro y los suaves
brillos hacen de esta bufanda una prenda
apta para la noche.

## MEDIDAS FINALES

**Circunferencia:** 76 cm
**Alto:** 25,5 cm

## MUESTRA

12 p. y 18 v. = 10 cm a p. de arroz con ag.
del n.º 10½ (6,5 mm) y 2 hebras de A
trabajadas juntas.
**Hacer siempre la muestra.**

## NOTAS

**1)** Trabajar siempre con 2 hebras juntas,
siguiendo las instrucciones sobre la
hebra que corresponde a cada franja.
**2)** Para evitar tener que entretejer los
cabos, pasar las hebras que no se utilicen
por el rev. lab.

## PUNTO DE ARROZ

(Sobre un número de p. par)
**1.ª v.** *1 p. der., 1 p. rev.; rep. desde *
hasta el final.
**2.ª v.** *1 p. rev., 1 p. der.; rep. desde *
hasta el final.
Rep. la 1.ª y 2.ª v. para el p. de arroz.

## PUNTO DE ARROZ DOBLE

(Sobre un número de p. múltiplo de 4)
**1.ª y 2.ª v.** *2 p. der., 2 p. rev.; rep. desde *
hasta el final.
**3.ª y 4.ª v.** *2 p. rev., 2 p. der.; rep. desde *
hasta el final.
Rep. las v. 1.ª a 4.ª para el p. de arroz
doble.

## DONUT

Con 2 hebras de A, montar 60 p. Poner
marc. y unir, con cuidado de no retorcer
la labor.
**1.ª franja**
Con 2 hebras de A, tejer 12 v. a p. de
arroz doble.
**2.ª franja**
Con 1 hebra de A y 1 de B, tejer 11 v.
del der.
**3.ª franja**
Con 2 hebras de A, tejer 12 v. a p. de
arroz.
**4.ª franja**
Con 1 hebra de A y 1 de B, tejer 11 v. del
der.
Tejer las franjas 1.ª a 4.ª 2 veces más
(en total 12 franjas). Cortar B.
Con 2 hebras de A, tejer 1 v. del der.
Cerrar.

## ACABADO

Unir un extremo de la bufanda con el
otro, con cuidado de no retorcer la labor.
Entretejer los cabos que haya.

# Alta costura

La alta moda se alía con el sentido práctico en esta bufanda
en redondo tupida y abrigada, de dos caras.

## MATERIALES

**Lana**
Cocoon, de Rowan, en madejas
de 100 g y aprox. 115 m
(lana/mohair)
- 3 madejas del n.º 810 cairn
  (camel)

**Agujas**
- 1 aguja circular (ag. circ.) del
  n.º 9 (5,5 mm), de 40 cm de largo,
  o del tamaño adecuado para la
  muestra
- Aguja auxiliar para ochos
  (ag. aux.)

**Fornituras**
- 3 marcadores de puntos (marc.)
  (el marc. de final de v. debe ser de
  otro color)

## DONUT TRENZADO

El motivo de trenzado tejido en lana color
camel es tan clásico como aparenta. Para
variar el dibujo, se puede lograr un efecto
interesante con dos colores que destaquen
aún más el motivo. La estructura de doble
cara es una buena defensa contra el viento.

### MEDIDAS FINALES
**Circunferencia:** 68,5 cm
**Alto:** 16,5 cm

### MUESTRAS
16 p. y 23 v. = 10 cm a p. liso der. con ag.
del n.º 9 (5,5 mm).
42 p. de ochos = 15 cm con ag. del
n.º 9 (5,5 mm).
Hacer siempre la muestra.

### MOTIVO DE OCHOS
(Sobre un número de p. múltiplo de 42)
**C4 dcha.** desl. 2 p. a la ag. aux. por
detrás de la lab., 2 p. der., 2 p. der. de la
ag. aux.
**C4 izq.** desl. 2 p. a la ag. aux. por delante
de la lab., 2 p. der., 2 p. der. de la ag. aux.
**C4 dcha. del rev.** desl. 2 p. a la ag. aux.
por detrás de la lab., 2 p. der., 2 p. rev. de
la ag. aux.

**C4 izq. del rev.** desl. 2 p. a la ag. aux. por
delante de la lab., 2 p. rev., 2 p. der. de la
ag. aux.
**1.ª y 3.ª v.** [4 p. der., 2 p. rev.] 7 veces.
**2.ª v.** [C4 dcha., 2 p. rev.] 7 veces.
**4.ª v.** 2 p. rev., [2 p. der., C4 dcha. del rev.]
6 veces, 4 p. der.
**5.ª y 7.ª v.** [2 p. rev., 4 p. der.] 7 veces.
**6.ª v.** [2 p. rev., C4 izq.] 7 veces.
**8.ª v.** 4 p. der., [C4 izq. del rev., 2 p. der.]
6 veces, 2 p. rev.
Rep. las v. 1.ª a 8.ª para el motivo de
ochos.

### DONUT
Montar 70 p. Poner marc. y unir, con
cuidado de no retorcer la labor.
**Empezar el motivo**
**1.ª v.** 14 p. der., tejer el motivo de ochos
de 42 p., poner marc., 14 p. der.
Seguir con el motivo hasta que la labor
mida 68,5 cm.
Cerrar los p. como corresponda.

### ACABADO
Unir un extremo de la bufanda con el
otro, con cuidado de no retorcer el tubo.
Entretejer los cabos.

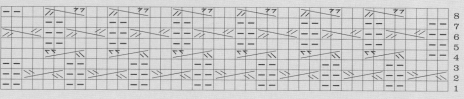

42 p.

## PUNTOS

| | | | |
|---|---|---|---|
| ☐ Del der. | | ⧄ C4 izq. | |
| ⊟ Del rev. | | ⧄ C4 dcha. del rev. | |
| ⧄ C4 dcha. | | ⧄ C4 izq. del rev. | |

# Zig y zag

Mantente serena con esta bufanda de algodón orgánico tejida en refrescantes colores gris y blanco. ¡Las bufandas ya no son solo para el invierno!

## MATERIALES

### Lana

Sprout, de Classic Elite Yarns, Verde Collection, en madejas de 100 g y aprox. 99 m (algodón orgánico)
- 3 madejas del n.º 4375 summer rain (blanco) (A) y n.º 4301 summer cloud (gris claro) (B)

### Agujas

- 1 aguja circular (ag.circ.) del n.º 10 (6 mm), de 80 cm de largo, o del tamaño adecuado para la muestra

### Fornituras

- Marcador de puntos (marc.)
- Aguja de tapicería
- Ganchillo de 5 mm

## BUFANDA CAPUCHA DE ESPIGUILLA

No salgo nunca sin una bufanda, un chal o un echarpe ligero. Incluso en los climas más calurosos, las noches pueden ser frescas. Utilizar algodón, como hice yo aquí, o un lino para reinterpretar el estilo invernal preferido.

### MEDIDAS FINALES

**Circunferencia:** 92 cm
**Alto:** 50 cm

### MUESTRA

15 p. y 17 v. = 10 cm tejidos según el motivo, con ag. del n.º 10 (6 mm).
**Hacer siempre la muestra.**

### GLOSARIO DE PUNTOS

**1 aum.** levantar la h. de la v. anterior justo antes del p. sig., echar la h. y sacar 1 p. del der.

### MOTIVO

(Sobre un número de p. múltiplo de 17)
**1.ª v.** del der.
**2.ª v.** *1 aum., 6 p. der., SD. 2 tej., 6 p. der., 1 aum.; rep. desde * hasta el final.
Rep. la 1.ª y 2.ª v. para el motivo.

## BUFANDA CAPUCHA

Con A, montar 136 p. Poner marc. y unir, con cuidado de no retorcer la labor.
*Con A, tejer la 1.ª y 2.ª v. del motivo 6 veces, luego con B tejer la 1.ª y 2.ª v. 6 veces; rep. desde * 2 veces más.
Con A, tejer la 1.ª y 2.ª v. del motivo 6 veces.
Cerrar.

### ACABADO

Entretejer los cabos.
**Borlas (ver página 135)**
Cortar 4 hebras de B de 10 cm. Doblarlas por la mitad. Pasar el ganchillo por una punta del borde de la bufanda y sacar por ella las hebras formando una presilla; pasar los extremos de las hebras por dentro de la presilla y apretarla. Recortar los extremos, dejando una borla de 1,5 cm. Rep. en todas las puntas.

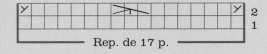

Rep. de 17 p.

2
1

### PUNTOS

☐ Del der.

☑ 1 aum.

▧ SD. 2 tej.

# Con música

Sintonízate cuando salgas y ten las manos libres con este cuello alto, fácil de tejer, que lleva un bolsillo incorporado.

## MATERIALES

### Lana
Bulky, de Blue Sky Alpacas, en ovillos de 100 g y aprox. 41 m (alpaca/lana)
- 2 ovillos del n.º 1218 azalea

### Agujas
- 1 aguja circular (ag. circ.) del n.º 13 (9 mm), de 40 cm de largo, o del tamaño adecuado para la muestra
- 4 agujas de doble punta (ag. dp.) del n.º 13 (9 mm)

### Fornituras
- Marcador de puntos (marc.)
- 1 botón de 38 mm
- Aguja de tapicería

## BUFANDA NÁUTICA CON FUNDA PARA MP3
Una bufanda puede servir para algo más que abrigar. Este cuello grueso tiene una doble función con su funda para el portátil de música. Un vistoso botón mantiene a salvo y sintonizado el MP3. La bufanda es tan rápida y fácil de tejer que querrás hacer otra para regalar.

## MEDIDAS FINALES
**Circunferencia:** 51 cm
**Alto (cuello):** 16,5 cm

## MUESTRA
12 p. y 12 v. = 10 cm a p. de elástico 2/2 con ag. del n.º 13 (9 mm).
**Hacer siempre la muestra.**

## ELÁSTICO 2/2
(Sobre un número de p. múltiplo de 4)
**1.ª v.** *2 p. der., 2 p. rev.; rep. desde * hasta el final.
Rep. la 1.ª v. para el elástico 2/2.

## BUFANDA NÁUTICA
Con la ag. circ., montar 60 p. Poner marc. y unir, con cuidado de no retorcer la labor. Tejer a p. de elástico 2/2 durante 16,5 cm.
**V. sig.** cerrar 52 p. a p. de elástico 2/2. Quedan 8 p.

### Bolsillo
Desl. los p. restantes a la ag. izq. y montar en ella otros 10 p. del der. = 18 p. Desl. los primeros 6 p. a una ag. dp., desl. los 6 p. sig. a una 2.ª ag. dp. y desl. los últimos 6 p. a una 3.ª ag. dp. Unir y tejer en redondo como sigue:
**1.ª v.** del der.
**2.ª v. (ojal)** 12 p. der., cerrar 2 p., seguir del der. hasta el final.
**3.ª v.** 12 p. der., montar 2 p., seguir del der. hasta el final.
Tejer del der. todas las v. hasta que el bolsillo mida 15 cm desde el ppio. Distribuir los p. en las ag. dp. como sigue: desl. 3 p. de la 2.ª ag. a la 1.ª ag., desl. 3 p. de la 2.ª ag. a la 3.ª ag. = 9 p. en 2 ag.
Cerrar los p. con una 3.ª ag. (ver página 135).

## ACABADO
Entretejer los cabos. Coser el botón por dentro del bolsillo coincidiendo con el ojal. Para afianzar la unión de la bufanda con el bolsillo, enhebrar la aguja de tapicería y dar unas puntadas en las esquinas.

# Profesional

Esta bufanda de aspecto serio y formal puede parecer conservadora, pero con una corbata de moda y una gorra, adquiere un aire desenfadado.

## MATERIALES

### Lana
Montana, de Tahki/Tahki-Stacy Charles, en madejas de 100 g y aprox. 120 m (lana)
- 1 madeja del n.º 002 marrón (A)
- 1 madeja del n.º 004 antracita (B)

### Agujas
- 1 aguja circular (ag. circ.) del n.º 13 (9 mm), de 80 cm de largo, o del tamaño adecuado para la muestra

### Fornituras
- 2 botones de 25 mm
- Aguja de tapicería

## CUELLO ESMOQUIN

El cuello esmoquin es un clásico de la sastrería. Se puede llevar doblado hacia abajo o subido para que abrigue más.

### MEDIDAS FINALES
**Ancho:** 23 cm
**Largo (hasta el centro de la espalda):** 42 cm

### MUESTRA
10 p. y 15 v. = 10 cm a p. de elástico 2/2, con ag. del n.º 13 (9 mm).
**Hacer siempre la muestra.**

### ELÁSTICO 2/2
(Sobre un número de p. múltiplo de 4 más 2)
**1.ª v. (der. lab.)** *2 p. der., 2 p. rev.; rep. desde * hasta el final, terminando por 2 p. der.
**2.ª v.** *2 p. rev., 2 p. der.; rep. desde * hasta el final, terminando por 2 p. rev.
Rep. la 1.ª y 2.ª v. para el elástico 2/2.

## CUELLO ESMOQUIN

Con B, montar 82 p. Tejer a p. de elástico 2/2 durante 5 cm terminando por una v. por el rev. lab. Cortar la hebra y unir A.
**V. sig. (der. lab.)** del der. Tejer 3 v. a p. de elástico 2/2.
***V. sig. (ojal) (der. lab.)** 2 p. der., 2 p. rev., SS., 1 p. der., pasar el p. del SS. por encima del p. der. (se han mg. 2 p.), tejer hasta el final.
**V. sig.** tejer según corresponda hasta los 5 últimos p., 1 p. der., montar 2 p., 2 p. der., 2 p. rev.*.
Seguir a p. de elástico 2/2 durante 11,5 cm más, terminando por 1 v. por el rev. lab.
Tejer 1 vez más desde * hasta *.
Tejer 3 v. a p. de elástico 2/2.
Cerrar los p. como corresponda.

### ACABADO
Entretejer los cabos. Coser los extremos (ver diagrama) como sigue: con el rev. lab. del extremo del ojal y montando el der. lab. del extremo del botón, unir los extremos, asegurándose de no montar las franjas de color B. Coser los bordes de A solamente. Coser los botones.

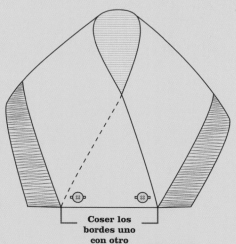

**Coser los bordes uno con otro**

# Multicolor

Un pasamontañas de múltiples colores y de múltiples franjas combina con todas las prendas de invierno. Puedes ir con él a todas partes.

## MATERIALES

### Lana

Jil Eaton Minnow Merino, de Classic Elite Yarns, en madejas de 50 g y aprox. 70 m (lana merina)

- 1 madeja de cada: n.º 4729 agua helada (A), n.º 4755 cereza (B), n.º 4750 dorado (C), n.º 4781 hierba verde (D), n.º 4757 azulina (E), n.º 4754 lavanda (F), n.º 4785 naranja (G) y n.º 4779 iris (H)

### Agujas

- 1 aguja circular (ag. circ.) del n.º 8 (5 mm), de 60 cm de largo, o del tamaño adecuado para la muestra
- 2 agujas de doble punta (ag. dp.) del n.º 8 (5 mm)

### Fornituras

- Marcador de puntos (marc.)
- Aguja de tapicería
- 4 botones de 20 mm

## PASAMONTAÑAS DE RAYAS

Esta alegre bufanda de cuello alto con los colores del arcoíris se convierte en pasamontañas para proteger las orejas y la cabeza en los días más fríos del invierno. Aquí se presenta en colores vibrantes, pero existen otras posibilidades: en blanco y gris resulta más sutil, y en negro y crema más elegante.

## MEDIDAS FINALES

**Circunferencia de los hombros (sin estirar):** 72 cm
**Circunferencia de la cabeza (sin estirar):** 42,5 cm
**Alto:** 40 cm

## MUESTRA

24 p. y 24 v. = 10 cm a p. de elástico 2/2, con ag. del n.º 8 (5 mm).
**Hacer siempre la muestra.**

## ELÁSTICO 2/2

(Sobre un número de p. múltiplo de 4)
**1.ª v.** *2 p. der., 2 p. rev.; rep. desde * hasta el final.
Rep. la 1.ª v. para el elástico 2/2.

## PASAMONTAÑAS

Con A, montar 100 p. Poner marc. y unir, con cuidado de no retorcer la labor.
**1.ª y 2.ª v.** tejer a p. de elástico 2/2.
**3.ª v. (pasacintas)** *2 p. j. der., h., 2 p. rev.; rep. desde * hasta el final.
**4.ª a 12.ª v.** tejer a p. de elástico 2/2. Cortar A. Unir B.
**1.ª v.** del der.
**2.ª a 12.ª v.** tejer a p. de elástico 2/2. Cortar B. Unir C.
**1.ª v.** del der.
**2.ª a 12.ª v.** tejer a p. de elástico 2/2. Cortar C. Unir D.
**1.ª v.** del der.
**2.ª a 12.ª v.** tejer a p. de elástico 2/2. No cortar la hebra.
**Hacer la visera**
Tejer ida y vuelta sobre 38 p. como sigue:
**1.ª v. (der. lab. de la capucha, que será el rev. lab. de la visera al doblarla hacia arriba)** desl. 1 p. del rev. con la h. por detrás, 1 p. der., [2 p. rev., 2 p. der.] 9 veces.
**2.ª v.** desl. 1 p. del rev. con la h. por detrás, 1 p. rev., [2 p. der., 2 p. rev.] 9 veces.

**3.ª a 10.ª v.** rep. la 1.ª y 2.ª v. 4 veces más.
**11.ª v. (ojales)** tejer 4 p. como corresponda, cerrar 2 p., tejer hasta los 6 últimos p., cerrar 2 p., tejer hasta el final.
**12.ª v.** tejer como corresponda, montando 2 p. arriba de cada par de p. cerrados.
**13.ª y 14.ª v.** rep. la 1.ª y 2.ª v.
Cerrar a p. de elástico 2/2.
**Sección de la barbilla**
**1.ª v.** por el der. lab. y E, poner marc. en la ag. dcha., montar 42 p. en la ag. dcha. y unir con el otro lado y tejer del der. hasta el marc. = 104 p.
**2.ª a 12.ª v.** *2 p. rev., 2 p. der.; rep. desde * hasta el final. Cortar E. Unir F.
**1.ª v.** del der.
**2.ª a 12.ª v.** *2 p. rev., 2 p. der.; rep. desde * hasta el final. Cortar F. Unir G.
**1.ª v.** del der.
**2.ª a 5.ª v.** *2 p. rev., 2 p. der.; rep. desde *hasta el final.
**Hombro**
**6.ª v.** *2 p. rev., [levantar la h. de la v. anterior junto al p. de la ag. izq., y sacar 1 p. der.] 2 veces; rep. desde * hasta el final = 156 p.
**7.ª a 12.ª v.** *2 p. rev., 4 p. der.; rep. desde * hasta el final. Cortar G. Unir H.
**1.ª v.** del der.
**2.ª a 11.ª v.** *2 p. rev., 4 p. der.; rep. desde * hasta el final. Cerrar a p. de elástico.
**Cordón I (ver página 134)**
Con ag. dp. y H, montar 3 p.
**1.ª v.** 3 p. der., no girar. Desl. los p. hasta el otro extremo de la ag.
Rep. la 1.ª v. hasta que el cordón mida 71 cm. Cerrar.

## ACABADO

Entretejer los cabos. Reforzar las uniones en las esquinas de la visera con unas puntadas. Coser 2 botones en el frente de la capucha para sujetar la visera cuando esté doblada. Coser otros 2 botones en la parte delantera para sujetar la sección de la barbilla cuando no esté puesta la capucha. Pasar el cordón I por entre los calados del pasacintas arriba de la capucha y anudar las puntas para que no se salgan por los calados. Tirar del cordón para fruncir la parte alta de la capucha y atarlo en un lazo cuando no se utilice la capucha.

# Los colores del colegio

Para animar al equipo del colegio y estar abrigada al mismo tiempo, teje una bufanda con los colores del alma mater y demuéstrale tu apoyo.

## MATERIALES

**Lana**
Leche, de Queensland Collection/KFI, en madejas de 50 g y aprox. 99 m (merino/microfibra/proteína de leche/seda)
- 4 madejas del n.º 7 morado (A)
- 1 madeja del n.º 11 vainilla (B)

**Agujas**
- 4 agujas de doble punta (ag. dp.) del n.º 6 (4 mm), o del tamaño adecuado para la muestra

**Fornituras**
- Marcador de puntos (marc.)
- Aguja de tapicería

## BUFANDA TRADICIONAL

Inspirada en la "calceta" con que se tejían los calcetines, esta agradable bufanda tiene un aspecto deportivo y es un regalo que apreciarán los estudiantes. Se teje formando un tubular a punto liso del derecho que se enrosca en torno al cuello, con los extremos de elástico a rayas.

### MEDIDAS FINALES
**Largo:** 105,5 cm
**Ancho:** 18,5 cm

### MUESTRA
22 p. y 29 v. = 10 cm tejidos a p. liso der. con ag. del n.º 6 (4 mm).
**Hacer siempre la muestra.**

### NOTA
Al tejer las rayas de 4 v., pasar por el rev. lab. la hebra del color que no se esté utilizando.

### ELÁSTICO 2/2
(Sobre un número de p. múltiplo de 4)
**1.ª v.** *2 p. der., 2 p. rev.; rep. desde * hasta el final.
Rep. la 1.ª v. para el elástico 2/2.

### BUFANDA
Con A, montar 40 p. divididos en 3 ag. Poner marc. y unir.
Tejer 8 v. a p. de elástico 2/2.
Con B, 1 v. del der. Tejer 3 v. a p. de elástico 2/2.

Con A, 1 v. del der. Tejer 3 v. a p. de elástico 2/2.
Con B, 1 v. del der. Tejer 3 v. a p. de elástico 2/2. Cortar la hebra.
Con A, tejer 1 v. del der.
Tejer a p. de elástico 2/2 durante 20,5 cm.
**V. de aum.** *1 p. der. en la h. de la v. anterior de la ag. izq., 1 p. der. en el p. sig.; rep. desde * hasta el final = 80 p.
Tejer todas las v. del der. hasta tener 12,5 cm.
**Motivo de rayas**
*Con B, tejer 4 v. der., con A, tejer 4 v. der.; rep. desde * otras 7 veces. Con B, tejer 4 v. der. Cortar B.
Con A, tejer del der. hasta tener 12,5 cm.
**V. de mg.** *2 p. j. der.; rep. desde * hasta el final = 40 p.
Tejer a p. de elástico 2/2 durante 20,5 cm.
Con B, tejer 1 v. del der. Tejer 3 v. a p. de elástico 2/2.
Con A, tejer 1 v. del der. Tejer 3 v. a p. de elástico 2/2.
Con B, tejer 1 v. del der. Tejer 3 v. a p. de elástico 2/2. Cortar B.
Con A, tejer 1 v. del der.
Tejer 8 v. a p. de elástico 2/2. Cerrar los p. sin apretar.

### ACABADO
Entretejer los cabos.
La bufanda se ata anudando el extremo derecho sobre el izquierdo y el izquierdo sobre el derecho.

# *Rayas intensas*

La riqueza de esta bufanda cerrada se debe a los dos motivos del tejido y a la intensidad de los tonos de la lana gruesa.

## MATERIALES

### Lana

Magnum, de Cascade Yarns, en madejas de 250 g y aprox. 112 m (lana)

- 2 madejas del n.º 9418 morado (A)
- 1 madeja de cada color: n.º 9416 camel (B), n.º 0050 negro (C) y n.º 9408 marrón rojizo (D)

### Agujas

- 1 aguja circular (ag. circ.) del n.º 15 (10 mm) de 60 cm de largo, o del tamaño adecuado para la muestra

### Fornituras

- Marcador de puntos (marc.)
- Aguja de tapicería

## BUFANDA DE FRANJAS DE COLOR

Esta bufanda de rayas combina tres de los elementos que más me gustan: una estructura tubular, lana gruesa y mezcla de texturas. La doble capa de tejido abriga doblemente.

### MEDIDAS FINALES

**Circunferencia:** 80 cm
**Alto:** 33 cm (sección a p. de arroz) y 28 cm (sección a p. liso der.)

### MUESTRAS

9 p. y 13 v. = 10 cm a p. liso der. con ag. del n.º 15 (10 mm).
7½ p. y 14 v. = 10 cm a p. de arroz con ag. del n.º 15 (10 mm).
**Hacer siempre la muestra.**

### PUNTO DE ARROZ

(Sobre un número de p. impar)
**1.ª v.** *1 p. der., 1 p. rev.; rep. desde * terminando por 1 p. der.

**2.ª v.** *1 p. rev., 1 p. der.; rep. desde * terminando por 1 p. rev.
Rep. la 1.ª y 2.ª v. para el p. de arroz.

### BUFANDA CAPUCHA

Con A, montar 49 p. Poner marc. y unir, con cuidado de no retorcer la labor.
Tejer 64 v. a p. de arroz. La labor mide unos 46,5 cm desde el ppio. Cortar la hebra A. Unir B. Tejer 21 v. a p. liso der. La labor mide unos 63 cm desde el ppio. Cortar B. Unir C. Tejer 13 v. a p. liso der. La labor mide unos 73 cm desde el ppio. Cortar C. Unir D. Tejer 9 v. a p. liso der. La labor mide unos 80 cm desde el ppio. Cerrar.

### ACABADO

Entretejer los cabos. Coser los p. cerrados del final con los p. montados del ppio.

# Reacción en cadena

Esta original bufanda de eslabones se puede llevar larga o doble
para que dé más calor, pero en cualquier caso producirá admiración.

## MATERIALES

### Lana
Lamb's Pride Bulky, de Brown
Sheep Company, en madejas de
113 g y aprox. 114 m (lana/mohair)
- 2 madejas del n.º M-14 dorado (A)
- 1 madeja del n.º M-05 ónice (B)
  y n.º M-10 crema (C)

### Agujas
- 2 agujas circulares (ag. circ.)
  del n.º 10½ (6,5 mm) de 40 cm de
  largo y de 74 cm, o del tamaño
  adecuado para la muestra

### Fornituras
- Marcador de puntos (marc.)
- Aguja de tapicería

## BUFANDA DE ESLABONES
Una cadena sencilla resultaría sosa, por
eso se mezclan eslabones de distintos
tamaños y colores. Puedes variar los
colores y los motivos: no te sientas
encadenada al modelo.

## MEDIDAS FINALES
**Circunferencia:** 122 cm
**Alto:** 10 cm

## MUESTRA
11 p. y 24 v. = 10 cm a p. de arroz con ag.
del n.º 10½ (6,5 mm).
**Hacer siempre la muestra.**

## PUNTO DE ARROZ
(Sobre un número de p. impar)
**1.ª v.** *1 p. der., 1 p. rev.; rep. desde *
hasta el final, terminando por 1 p. der.
**2.ª v.** *1 p. rev., 1 p. der.; rep. desde *
hasta el final, terminando por 1 p. rev.
Rep. la 1.ª y 2.ª v. para el p. de arroz.

## BUFANDA
### 1.er eslabón
Con la ag. circ. más corta y A, montar
47 p. Poner marc., unir y tejer a p. de
arroz durante 10 cm.
Cerrar.

### 2.º y 3.er eslabones
Tejer como el 1.º, pero después de montar
los p. y antes de unirlos, pasar una punta
de la ag. circ. por el centro del eslabón
anterior.

### 4.º y 5.º eslabones
Con la ag. circ. más corta y B, montar
47 p. Pasar una punta de la ag. circ. por
el centro del eslabón anterior, poner
marc. y unir.
Tejer [3 v. del rev., 3 v. del der.] 4 veces,
3 v. del rev.
Cerrar.

### 6.º eslabón
Con la ag. circ. más larga y C, montar
132 p. Pasar una punta de la ag. circ. por
el centro del 5.º eslabón y luego por el
centro del 1.er eslabón, poner marc. y
unir.
Tejer del der. todas las v. durante 7,5 cm.
Cerrar.
Con el lado del rev. hacia fuera, doblar los
bordes del eslabón hacia dentro y coserlos
de modo que la costura quede en el
centro.

## ACABADO
Entretejer los cabos.

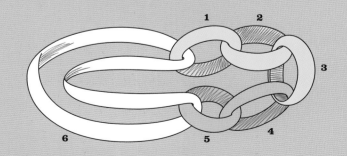

# Feria internacional

Los tonos de piedras preciosas de esta bufanda náutica con dibujo permiten combinarla con muchos estilos. Para mayor exotismo, úsala con los accesorios que hayas reunido en tus viajes.

## MATERIALES

### Lana

Ariosa, de Classic Elite Yarns, en madejas de 50 g y aprox. 80 m (lana/cachemir)

- 1 madeja de cada: n.º 4810 jet blue (azul oscuro) (A); n.º 4855 russet (rojizo) (B); n.º 4815 balsam (verde fuerte) (C); n.º 4858 lipstick (carmín) (D); n.º 4881 camomile (verde claro) (E); n.º 4836 tannin (tanino) (F); n.º 4889 aurora pink (rosa chicle) (G); n.º 4827 sangría (H)

### Agujas

- 1 aguja circular (ag. circ.) del n.º 10½ (6,5 mm) y de 60 cm de largo, o del tamaño adecuado para la muestra

### Fornituras

- Marcador de puntos (marc.)
- Aguja de tapicería

## BUFANDA NÁUTICA DE JACQUARD

Si te gustan los colores y los dibujos, este modelo es el más indicado. Cada ciertas vueltas se da un giro y se combinan dos colores tejidos como una sola hebra en una vuelta para aumentar el interés visual de la prenda.

## MEDIDAS FINALES

**Circunferencia de los hombros:** 70 cm
**Circunferencia del cuello:** 58,5 cm
**Alto (por encima de la línea de doblez):** 23 cm

## MUESTRA

14 p. y 22 v. = 10 cm a p. liso der. con ag. del n.º 10½ (6,5 mm).
**Hacer siempre la muestra.**

## NOTA

Pasar por detrás de la labor las hebras que no se estén utilizando.

## BUFANDA NÁUTICA

### Vista

Con A, montar 80 p. Poner marc. y unir, con cuidado de no retorcer los p.
**1.ª a 5.ª v.** con A, del der.
**6.ª a 10.ª v.** con B, del der.
**11.ª a 15.ª v.** con C, del der.
**16.ª a 20.ª v.** con D, del der.
**21.ª a 26.ª v.** con E, del der.

### Cuello

**1.ª v. (de doblez)** con 1 hebra de C y otra de D juntas, del rev.
**2.ª y 3.ª v.** con A, del der.
**4.ª a 9.ª v.** tejer 6 v. del gráfico A.
**10.ª a 12.ª v.** con A, del der.

**13.ª v.** con 1 hebra de E y otra de H juntas, del rev.
**14.ª v.** con C, del der.
**15.ª a 20.ª v.** tejer 6 v. del gráfico B.
**21.ª y 22.ª v.** con C, del der.
**23.ª v.** con 1 hebra de A y otra de F juntas, del rev.
**24.ª y 25.ª v.** tejer 2 v. del gráfico C.
**26.ª v.** con E, del der.
**27.ª v.** con 1 hebra de A y otra de G juntas, del rev.

### Hombros

**1.ª v.** con B, del der.
**2.ª v. (aum.)** con B, *4 p. der., tejer el p. sig. del der., por delante y por detrás; rep. desde * hasta el final = 96 p.
**3.ª a 4.ª v.** tejer 12 v. del gráfico D.
**15.ª a 17.ª v.** con G, del der.
**18.ª v.** con 1 hebra de C y otra de E juntas, del rev.
**19.ª v.** con 1 hebra de E y otra de H juntas, del der.
**20.ª v.** con 1 hebra de D y otra de H juntas, del rev.
**21.ª v.** con 1 hebra de A y otra de D juntas, del der.
**22.ª v.** con 1 hebra de A y otra de F juntas, del rev.
**V. sig.** con 1 hebra de B y otra de F juntas, cerrar los p. del der.

## ACABADO

Entretejer los cabos. Doblar la vista hacia dentro de la bufanda por el doblez y coserla sin apretar.

| GRÁFICO A | GRÁFICO B | GRÁFICO C | GRÁFICO D | COLORES |
|---|---|---|---|---|

GRÁFICO A — 6 ... 1 — Rep. de 4 p.

GRÁFICO B — 6 ... 1 — Rep. de 2 p.

GRÁFICO C — 2, 1 — Rep. de 4 p.

GRÁFICO D — 12 ... 1 — Rep. de 4 p.

COLORES:
- Azul oscuro (A)
- Rojizo (B)
- Verde fuerte (C)
- Carmín (D)
- Verde claro (E)
- Tanino (F)
- Rosa chicle (G)
- Sangría (H)

# Dar el golpe

Una bufanda llena de estilo y de gracia para pasear bien abrigada
por los páramos de Irlanda o recorrer la Quinta Avenida.

## MATERIALES

### Lana
Presto, de Tahki/Tahki-Stacy
Charles Inc., en ovillos de 50 g
y aprox. 55 m (lana/acrílico/
mohair/nailon)
- 3 ovillos del n.º 002 curry

### Agujas
- 1 aguja circular (ag. circ.) del
  n.º 10½ (6,5 mm) y de 40 cm
  de largo, o del tamaño adecuado
  para la muestra
- 2 agujas auxiliares (ag. aux.)
  para ochos

### Fornituras
- Marcador de puntos (marc.)

## BUFANDA NÁUTICA CON MOTIVOS DE ARAN
La rigidez de la lana y la textura del
elástico en vertical de esta bufanda le
permiten quedar subida para proteger el
cuello de las inclemencias del tiempo. El
motivo típico de la isla de Aran y los tonos
brezo de la lana le confieren un aire celta.

## MEDIDAS FINALES
**Circunferencia de los hombros:** 62 cm
**Circunferencia del cuello:** 49,5 cm
**Alto:** 18 cm

## MUESTRAS
16 p. y 23 v. = 10 cm con motivo de ochos
(rep. las v. 1.ª a 6.ª del motivo del gráfico)
con ag. del n.º 10½ (6,5 mm).
17 p. y 19 v. = 10 cm a p. de elástico
retorcido (rep. la v. 34.ª del motivo)
con ag. del n.º 10½ (6,5 mm).
**Hacer siempre la muestra.**

## MOTIVO DEL ESQUEMA DE PUNTOS (VER PÁGINA 130)
(Empezar con un número de p. múltiplo
de 6)
**C4 dcha.** desl. 2 p. a una ag. aux. por
detrás de la lab., 2 p. der., 2 p. der. de la
ag. aux.
**C4 izq.** del rev. desl. 1 p. a la 1.ª ag. aux.
por delante de la lab., desl. 2 p. a la 2.ª
ag. aux. por detrás de la lab., 1 p. der.
ret.; 2 p. rev. de la 2.ª ag. aux.; 1 p. der.
ret. de la 1.ª ag. aux.
**Avellana** [tejer 1 p. del der. por delante y
por detrás] 3 veces = 6 p., luego, con la
ag. izq., pasar los p. 2.º, 3.º, 4.º, 5.º y 6.º,
de uno en uno, por encima del 1.º.
**Despl. marc. (desplazar el marcador)**
retirar el marc. de v., desl. 1 p. del rev.
con la h. por detrás, volver a poner el
marc. Se ha desplazado el marc. 1 p. a la
izq.

**1.ª, 2.ª, 4.ª, 5.ª y 6.ª v.** *4 p. der., 2 p. rev.;
rep. desde * hasta el final.
**3.ª v.** *C4 dcha., 2 p. rev.; rep. desde *
hasta el final.
**7.ª a 24.ª v.** rep. las v. 1.ª a 6.ª otras
3 veces.
**25.ª v.** *2 p. der., 1 aum., 2 p. der., 2 p.
rev.; rep. desde * hasta el final = 91 p.
**26.ª v.** *2 p. der., avellana, 2 p. der., 2 p.
rev.; rep. desde * hasta el final.
**27.ª v.** *1 p. der., 1 aum., 1 p. der., 1 p.
rev., 1 p. der., 1 aum., 1 p. der., 2 p. rev.;
rep. desde * hasta el final = 117 p.
**28.ª v.** *1 p. der., avellana, 1 p. der., 1 p.
rev., 1 p. der., avellana, 1 p. der., 2 p. rev.;
rep. desde * hasta el final.
**29.ª a 31.ª v.** *[1 p. der., 1 p. rev.] 3 veces,
1 p. der., 2 p. rev.; rep. desde * hasta el
final.
**32.ª v.** despl. marc., *[1 p. rev., 1 p. der.
ret.] 2 veces, 1 p. rev., C4 izq. del rev.;
rep. desde * hasta el final.
**33.ª v.** *[1 p. rev., 1 p. der. ret.] 3 veces,
2 p. j. rev., 1 p. der. ret.; rep. desde *
hasta el final = 104 p.
**34.ª a 39.ª v.** *1 p. rev., 1 p. der. ret.; rep.
desde * hasta el final.

## BUFANDA NÁUTICA
Montar 78 p. Poner marc. y unir, con
cuidado de no retorcer los p.
**Empezar el motivo del esquema
de puntos (ver página 130)**
**1.ª v.** tejer 13 veces la rep. de 6 p. Seguir
el motivo hasta la v. 39.ª del gráfico. La
bufanda mide 18 cm desde el ppio.
Cerrar a p. de elástico.

## ACABADO
Entretejer los cabos.

# Toque British

Con esta bufanda rodeándote la garganta y que se prolonga en un pequeño poncho, estarás preparada para afrontar la niebla más densa de Londres.

## MATERIALES

### Lana
Cashmere Merino Silk Aran, de Sublime/KFI, en madejas de 50 g y aprox. 86 m (lana merina/seda/cachemir)
- 2 madejas del n.º 169 jaspe (A)
- 4 madejas del n.º 170 zinc (B)

### Agujas
- 1 aguja circular (ag. circ.) del n.º 8 (5 mm) y 60 cm de largo, o del tamaño adecuado para la muestra

### Fornituras
- Marcador de puntos (marc.)
- Aguja de tapicería

## MINIPONCHO BICOLOR

Esta elegante bufanda empieza como una bufanda náutica clásica de ochos y se prolonga en un pequeño poncho asimétrico. Tres motivos de tejido distintos proporcionan interés a la textura, al tiempo que una sencilla combinación de colores aporta aún mayor calidez a la prenda.

## MEDIDAS FINALES
**Circunferencia del cuello:** 66 cm
**Alto:** 41 cm

## MUESTRAS
22 p. y 25 v. = 10 cm en el motivo del esquema de puntos con ag. del n.º 8 (5 mm). 18 p. y 32 v. = 10 cm a p. de arroz, con ag. del n.º 8 (5 mm).
**Hacer siempre la muestra.**

## MOTIVO DEL ESQUEMA DE PUNTOS
(Sobre un número de p. múltiplo de 5)
**1.ª a 5.ª v.** *3 p. der., 2 p. rev.; rep. desde * hasta el final.
**6.ª v.** *h., SD. rev., h., 2 p. rev.; rep. desde * hasta el final.
Rep. las v. 1.ª a 6.ª para el motivo del esquema de puntos.

## ELÁSTICO 2/2
(Sobre un número de p. múltiplo de 4)
**1.ª v. (der. lab.)** *2 p. der., 2 p. rev.; rep. desde * hasta el final.
**2.ª v. (rev. lab.)** rep. la 1.ª v.
Rep. la 1.ª y 2.ª v. para el elástico 2/2.

## PUNTO DE ARROZ
(Sobre un número de p. par)
**1.ª v. (der. lab.)** *1 p. der., 1 p. rev.; rep. desde * hasta el final.
**2.ª v. (rev. lab.)** *1 p. rev., 1 p. der.; rep. desde * hasta el final.
Rep. la 1.ª y 2.ª v. para el p. de arroz.

## MINIPONCHO

### Bufanda náutica
Con A, montar 145 p. Poner marc. y unir, con cuidado de no retorcer los p.
Tejer 6 veces las v. 1.ª a 6.ª del motivo del esquema de puntos.
**V. sig.** *3 p. der., 2 p. rev.; rep. desde * hasta el final.
**V. de mg.** *3 p. der., 2 p. j. der.; rep. desde * hasta el final = 116 p.
**V. sig.** del der. Cerrar.

### Poncho
Con B, montar 56 p. Tejer ida y vuelta como sigue:
Tejer a p. de elástico 2/2 durante 7,5 cm, terminando por una v. por el rev. lab.
**V. sig. (der. lab.)** tejer a p. de arroz 34 p., poner marc. y seguir a p. de elástico 2/2 hasta el final.
**V. sig.** tejer a p. de elástico hasta el marc., seguir a p. de arroz hasta el final. Rep. las 2 últimas v. hasta que la pieza mida 74 cm desde el ppio. (la sección a p. de arroz debe ser igual a la circunferencia de la bufanda). Retirar el marc.
Tejer a p. de elástico 2/2 todos los p. durante 7,5 cm. Cerrar los p. como corresponda.

## ACABADO
Entretejer los cabos. Coser el cuello con el poncho como sigue: doblar el poncho por la mitad a lo ancho. Coser el borde de los p. cerrados del cuello con el borde de p. de arroz del poncho. Coser los bordes del poncho uno con otro.

| | | | | | | |
|--|--|--|--|--|--|--|
| − | − | ○ | 人 | ○ | | 6 |
| − | − | | | | | 5 |
| − | − | | | | | 4 |
| − | − | | | | | 3 |
| − | − | | | | | 2 |
| − | − | | | | | 1 |

Rep. de 5 p.

### PUNTOS
- □ Del der.
- − Del rev.
- ○ Hebra
- 人 SD.

# A tu aire

Tápate la cabeza con esta bufanda redecilla para ir de incógnito,
o llévala alrededor del cuello para un aspecto relajado...
¡como te apetezca!

## MATERIALES

### Lana
Merino/Angora/Cashmere, de
Tanglewood Fiber Creations, en
ovillos de 113 g y aprox. 172 m
(lana merina/angora/cachemir)
• 2 ovillos color northwest autumn
  (dorados)

### Agujas
• 1 aguja circular (ag. circ.) del
  n.º 8 (5 mm) y 61 cm de largo,
  o del tamaño adecuado para la
  muestra
• 2 agujas de doble punta (ag. dp.)
  del n.º 8 (5 mm)

### Fornituras
• Marcador de puntos (marc.)

## BUFANDA CAPUCHA CON PASACINTAS
Esta prenda tan versátil se trabaja en
redondo con unos sencillos calados que
dibujan líneas horizontales. Es un motivo
muy adecuado para tejedoras
principiantes.

### MEDIDAS FINALES
**Circunferencia:** 61 cm
**Alto:** aprox. 38 cm

### MUESTRA
15 p. y 36 v. = 10 cm en el motivo de
calados con ag. del n.º 8 (5 mm).
**Hacer siempre la muestra.**

### MOTIVO DE PASACINTAS
(Sobre un número de p. par)
**1.ª a 3.ª v.** del der.
**4.ª v.** del rev.
**5.ª v.** *2 p. j. der., h.; rep. desde * hasta el
final.
**6.ª v.** del rev.
Rep. las v. 1.ª a 6.ª para el motivo de
pasacintas.

## BUFANDA REDECILLA
Con la ag. circ., montar 90 p.
Poner marc. y unir, con cuidado de no
retorcer los p.
Tejer 1 v. del der.
Tejer 1 v. del rev.
Tejer siguiendo el motivo de pasacintas
hasta que la labor mida unos 37 cm desde
el ppio., terminando por una 6.ª v.
Tejer 3 v. del der.
Tejer 1 v. del rev.
Cerrar.

## ACABADO
Entretejer los cabos.
**Cordón-I (ver página 134)**
Con las ag. dp., montar 3 p.
**1.ª v.** 3 p. der. No girar. Desl. los p. al otro
extremo de la ag. Rep. la 1.ª v. tirando
fuerte de la hebra desde el final de la v.,
hasta que el cordón mida 152 cm. Cerrar.
Pasar el cordón-I por la 3.ª fila
de pasacintas desde arriba.

# Esferas de influencia

## Una bufanda práctica, divertida y llena de fantasía.

**MATERIALES**

**Lana**
Paca Tweed, de Plymouth Yarn, en madejas de 100 g y aprox. 174 m (alpaca/lana/donegal)
- 2 madejas del n.º 500 negro (A)
- 1 madeja de cada: n.º 9155 azul (B), n.º 2015 rojo (C), n.º 9175 verde (D), n.º 100 blanco (E), n.º 2873 morado (F), n.º 3728 marrón (G) y n.º 9175 gris (H)

**Agujas**
- 4 agujas de doble punta (ag. dp.) del n.º 8 (5 mm), o del tamaño adecuado para la muestra

**Fornituras**
- Marcador de puntos (marc.)
- Aguja de tapicería
- (Collar pequeño) 12 bolas de styrofoam de 5 cm de diámetro, 12 bolas de styrofoam de 2,5 cm de diámetro
- (Collar grande) 8 bolas de styrofoam de 7,5 cm de diámetro

**COLLARES DE BOLAS**
Estos dos collares de cuentas forradas de tejido de lana (uno de bolas grandes y otro de bolas extragrandes) son una explosión de color con textura de tweed.

**MEDIDAS FINALES**
**Circunferencia:** 134,5 cm (collar pequeño) y 147,5 cm (collar grande).

**MUESTRA**
18 p. y 20 v. = 10 cm a p. liso der. con ag. del n.º 8 (5 mm).
**Hacer siempre la muestra.**

**NOTAS (COLLAR PEQUEÑO)**
**1)** Tejer alternando los colores como se indica en las instrucciones. Cuando se hayan tejido suficientes v. para insertar una bola de styrofoam, se introduce esta. Anudar 6 hebras (3 de A y 3 de E) en torno al collar para sujetar en su sitio las bolas de 5 cm, y 4 hebras (2 de A y 2 de E) para sujetar las bolas de 2,5 cm. Enrollar las hebras apretándolas bien y hacer un nudo plano. Recortar las puntas. Insertar primero 12 bolas de 5 cm y luego 12 bolas de 2,5 cm.
**2)** Cortar la hebra al cambiar de color. Antes de meter las bolas de styrofoam, rematar el cabo del color anterior por dentro del collar.

**COLLAR PEQUEÑO**
Con E, montar 24 p. divididos entre 3 ag. dp. Poner marc. y unir.
Tejer siguiendo esta secuencia de color:
14 v. con E, 4 v. con A, 8 v. con F, 14 v. con B, 4 v. con D, 12 v. con G, 15 v. con C, 12 v. con H, 11 v. con F, 13 v. con D, 5 v. con B, 9 v. con G, 13 v. con C, 5 v. con F, 7 v. con H, 5 v. con F, 16 v. con G, 13 v. con A.
**V. sig. (mg.)** con A, [2 p. der., SS.] 6 veces = 18 p. Ahora se habrán insertado las 12 bolas de 5 cm.
Con E, tejer del der. hasta tener insertadas 6 bolas de 2,5 cm.
Con A, tejer del der., insertando las 6 bolas de 2,5 cm restantes. Cerrar.

**ACABADO**
Con la ag. de tapicería, coser los extremos del collar uno con otro. Tapar la unión con otro nudo de 4 hebras. Entretejer los cabos que queden.

**NOTA (COLLAR GRANDE)**
Cortar la hebra al cambiar de color. Antes de insertar unas bolas de styrofoam, rematar el cabo del color anterior por dentro del collar.

**COLLAR GRANDE**
Con A, montar 12 p., divididos por igual entre 3 ag. dp. Poner marc. y unir. Tejer 3 v. del der.
**V. de aum.** [1 p. der., 1 aum.] 12 veces = 24 p.
Tejer 3 v. der.
**V. de aum.** [2 p. der., 1 aum.] 12 veces = 36 p.
Tejer del der. hasta que la pieza mida 51 cm desde el ppio.
**V. de mg.** [1 p. der., SS. der.] 12 veces = 24 p.
Tejer 3 v. der.
**V. de mg.** [SS. der.] 12 veces = 12 p. Tejer 2 v. del der.
Con F, tejer como sigue:
**1.ª y 2.ª v.** del der.
**3.ª v.** [1 p. der., 1 aum.] 12 veces = 24 p.
**4.ª a 6.ª v.** del der.
**7.ª v.** [2 p. der., 1 aum.] 12 veces = 36 p.
**8.ª a 25.ª v.** del der. Insertar una bola de styrofoam en el bolsillo formado, entre las 3 ag.
Cont. como sigue:
**26.ª v.** [1 p. der., SS. rev.] 12 veces = 24 p.
**27.ª a 29.ª v.** del der.
**30.ª v.** [SS. der.] 12 veces = 12 p.
**31.ª y 32.ª v.** del der.
Rep. las v. 1.ª a 32.ª otras 7 veces en los colores sig.: G, D, B, H, C, E y G. Cerrar.
**Cordones-I (hacer 9; ver página 134)**
Con C y 2 ag. dp., montar 4 p. Hacer la 1.ª v. del der. y sin girar, desl. los p. al otro extremo de la ag. Rep. la 1.ª v. hasta que el cordón mida 18 cm. Cerrar.

**ACABADO**
Entretejer los cabos. Con una aguja de tapicería coser los extremos del collar uno con otro. Anudar los cordones-I entre las bolas para sujetarlas.

# Buena inversión

A veces no basta con proteger solo el cuello del frío. Esta bufanda náutica se invierte formando una pechera con la que abrigar el pecho.

## MATERIALES

**Lana**
Twinkle Soft Chunky, de Classic Elite Yarns, en madejas de 200 g y aprox. 76 m (lana)
• 4 madejas del n.º 02 frambuesa

**Agujas**
• 1 aguja circular (ag. circ.) del n.º 13 (9 mm), de 60 cm de largo, o del tamaño adecuado para la muestra
• 2 agujas de doble punta (ag. dp.) del n.º 13 (9 mm)

**Forniduras**
• Marcador de puntos (marc.) e imperdibles

## BUFANDA CHALECO
Esta original prenda se puede llevar de dos maneras: con la sección tubular a modo de bufanda alta alrededor del cuello (como en las fotografías) o vuelta hacia abajo para que los cordones queden sobre los hombros. ¡Buena inversión! Si se lleva con el cuello hacia arriba, puede ir debajo o por encima de una chaqueta o abrigo. Juega con ella y descubre sus posibilidades.

## MEDIDAS FINALES
**Circunferencia del cuello:** 68 cm
**Largo:** 43 cm

## MUESTRA
9 p. y 17 v. = 10 cm a p. de musgo, con ag. del n.º 13 (9 mm).
**Hacer siempre la muestra.**

## BUFANDA NÁUTICA
### Cuello
Montar 60 p. Poner marc. y unir, con cuidado de no retorcer los p.
Tejer del der. hasta que la pieza mida 33 cm desde el ppio. Retirar el marc. No girar.
**Dividir para el delantero y la espalda**
**1.ª v. (rev. lab.)** tejer 30 p. (para el delantero) y pasarlos a un imperdible, tejer del der. hasta el final (para la espalda). Tejer ida y vuelta sobre los 30 p. de la espalda como sigue:

### Espalda
Tejer 44 v. del der. La espalda mide unos 26,5 cm a partir del cuello. Cortar la hebra. Pasar los p. a un imperdible.

### Delantero
Por el der. lab., unir la hebra y tejer 36 v. del der. El delantero mide unos 22 cm desde el cuello. Cortar la hebra. Dejar los p. en la ag.

### Cordones-I para atar (ver página 134)
Con ag. dp., montar 3 p. Hacer el cordón-I como sigue:
**1.ª v.** 3 p. der., sin girar, desl. los p. al otro extremo de la ag. Rep. la 1.ª v. hasta que el cordón mida 25,5 cm.

### Unir el cordón-I con el delantero
Por el der. lab., pasar los 3 p. del cordón a la ag. circ. y trabajar como sigue (con la ag. circ. como ag. izq. y la ag. dp. como ag. dcha.): *2 p. der., 2 p. j. der., desl. 3 p. a la ag. izq.; desde * hasta haber trabajado todos los p. de la ag. circ. y que queden 3 p. en la ag. dp. Hacer un cordón-I de 25,5 cm. Cerrar.
Rep. en la espalda.

## ACABADO
Entretejer los cabos. Doblar el cuello por la mitad hacia dentro y coserlo sin apretar a la primera v. del rev. por el rev. lab. Atar los cordones con un nudo plano a cada lado.

# Veta de plata

Un delicado encaje cubre la cabeza y desciende sobre el cuello en cascada. Se puede remeter dentro del abrigo o lucirlo por fuera, con un broche prendido que le dé realce.

## MATERIALES

**Lana**
Elsie, de Tilli Tomas, en ovillos de 50 g y aprox. 123 m (lana/seda/proteína láctea)
- 3 ovillos atmosphere (gris claro)

**Agujas**
- 1 aguja circular (ag. cir.) del n.º 6 (4 mm) y 40 cm de largo, o del tamaño adecuado para la muestra

**Fornituras**
- 7 marcadores de puntos (marc.)
- Aguja de tapicería

## BANDANA CON CALADOS

Me encantan los accesorios con doble o triple función, como esta capucha convertible que se puede llevar cubriendo la cabeza o alrededor del cuello y con un broche, o combinando ambas posibilidades.

## MEDIDAS FINALES

**Circunferencia:** 54,5 cm
**Largo:** 71 cm

## MUESTRA

22 p. y 28 v. = 10 cm con el motivo del esquema de puntos y ag. del n.º 6 (4 mm).
**Hacer siempre la muestra.**

## MOTIVO DEL ESQUEMA DE PUNTOS (VER PÁGINA 130)

(Sobre un número de p. múltiplo de 17)
**1.ª v. (der. lab.)** *1 p. rev., 1 p. der. ret., 4 p. j. der., [h., 1 p. der.] 5 veces, h., 4 p. j. der., 1 p. der. ret., 1 p. rev.; rep. desde * hasta el final.
**2.ª y 4.ª v. (rev. lab.)** *1 p. der., 15 p. rev., 1 p. der.; rep. desde * hasta el final.
**3.ª v. (der. lab.)** *1 p. rev., 1 p. der. ret., 13 p. der., 1 p. der. ret., 1 p. rev.; rep. desde * hasta el final.
Rep. Las v. 1.ª a 4.ª para el motivo del esquema de puntos.

**Nota:** si se trabaja el motivo en redondo, las v. 2.ª y 4.ª se tejen como sigue:
**(der. lab.)** *1 p. rev., 15 p. der., 1 p. rev.; rep. desde * hasta el final).

## BANDANA CON CALADOS

### Sección I: punto a p. de musgo
Montar 3 p.
**1.ª v. (rev. lab.)** del der.
**2.ª v.** 1 p. der. tejido por delante y por detrás, 1 p. der., 1 p. der. tejido por delante y por detrás = 5 p.
**3.ª v.** del der.
**4.ª v.** 1 p. der., 1 aum., seguir del der. hasta el último p., 1 aum., 1 p. der. = 7 p.
**5.ª a 14.ª v.** rep. las v. 3.ª y 4.ª 5 veces = 17 p.
**15.ª v.** del der.

### Sección II: empezar el motivo (ver página 130)
**1.ª v. (der. lab.)** tejer la 1.ª v. del motivo sobre 17 p., poner marc., montar 1 p. = 18 p.
**2.ª v.** 1 p. der., desl. marc., tejer la 2.ª v. del motivo sobre 17 p., poner marc., montar 1 p. = 19 p.
**3.ª v.** 1 p. der., desl. marc., tejer la 3.ª v. del motivo, desl. marc., 1 aum., 1 p. der. = 20 p.
**4.ª v.** 2 p. der., desl. marc., tejer la 4.ª v. del motivo, desl. marc., 1 aum., 1 p. der. = 21 p.
**5.ª v.** del der. hasta el marc., desl. marc., tejer el motivo como se indica sobre 17 p., desl. marc., del der. hasta el último p., 1 aum., 1 p. der. = 22 p.
**6.ª a 34.ª v.** rep. la 5.ª v. = 51 p. La última v. tejida corresponde a la 2.ª v. del motivo.

### Sección III: añadir una rep. del motivo a cada lado de la rep. original
**1.ª v. (der. lab.)** [tejer la 3.ª v. del motivo sobre 17 p.] 3 veces, poner marc., montar 1 p. = 52 p.
**2.ª v.** 1 p. der., [desl. marc., tejer la 4.ª v. del motivo sobre 17 p.] 3 veces, poner marc., montar 1 p. = 53 p.
**3.ª v.** 1 p. der., desl. marc., tejer el motivo hasta el último marc., desl. marc., 1 aum., 1 p. der. = 54 p.
**4.ª v.** 2 p. der., desl. marc., tejer el motivo hasta el último marc., desl., marc., 1 aum., 1 p. der. = 55 p.
**5.ª v.** del der. hasta el marc., desl. marc., tejer el motivo hasta el último marc., desl. marc., del der. hasta el último p., 1 aum., 1 p. der. = 56 p.
**6.ª a 34.ª v.** rep. la 5.ª v. = 85 p. La última v. tejida corresponde a la 4.ª v. del motivo.

### Sección IV: añadir otra rep. del motivo a cada lado
**1.ª v. (der. lab.)** [tejer la 1.ª v. del motivo sobre 17 p.] 5 veces, poner marc., montar 1 p. = 86 p.
**2.ª v.** 1 p. der., [desl. marc., tejer la 2.ª v. del motivo sobre 17 p.] 5 veces, poner marc., montar 1 p. = 87 p.
**3.ª v.** 1 p. der., desl. marc., tejer el motivo como corresponda hasta el último marc., desl. marc., 1 aum. 1 p. der. = 88 p.
**4.ª v.** 2 p. der., desl. marc., tejer el motivo como corresponda hasta el último marc., desl. marc., 1 aum., 1 p. der. = 89 p.
**5.ª v.** del der. hasta el marc., desl. marc., tejer el motivo como corresponda hasta el último marc., desde el marc., del der. hasta el último p., 1 aum., 1 p. der. = 90 p.
**6.ª a 34.ª v.** rep. la 5.ª v. = 119 p. La última v. tejida corresponde a la 2.ª v. del motivo.

### Sección V: unir a la labor en redondo el resto de la bandana (ver esquemas de puntos, página 130)
**V. sig. (der. lab.)** poner el marc. al ppio. de la v., [tejer la 3.ª v. del motivo sobre 17 p.] 7 veces, no girar, unir y seguir tejiendo en redondo como sigue:
**V. sig.** [tejer la 4.ª v. del motivo (versión circular) sobre 17 p.] 7 veces. Seguir con el motivo hasta que la bandana mida 71 cm desde el ppio.
Cerrar.

## ACABADO

Entretejer los cabos.

# De lujo y abrigada

Una lana de alpaca extrasuave y una textura rica crean
una bufanda suntuosa con la que abrazar el cuello.

## MATERIALES

### Lana
Hand Paint Chunky, de Misty
Alpaca, en madejas de 100 g y
aprox. 99 m (alpaca teñida a mano)
- 2 madejas del n.º CP04 granito

### Agujas
- 1 aguja circular (ag. circ.) del
  n.º 10 (6 mm) y 60 cm de largo,
  o del tamaño adecuado para
  la muestra

### Forniture
- Marcador de puntos (marc.)
- Aguja de tapicería

## BUFANDA CAPUCHA DE ELÁSTICO RETORCIDO

En este caso la lana es la que ha
inspirado el modelo. La fibra es
compleja con sus exuberantes colores
moteados y su suavidad y grosor, pero
pide aún mayor textura. La bufanda es
de tamaño modesto para que no resulte
excesiva y por eso tejerla es un placer.
¡Una buena idea para regalo!

### MEDIDAS FINALES
**Circunferencia:** 63,5 cm
**Alto:** 33 cm

### MUESTRA
16 p. y 18 v. = 10 cm tejidos en el motivo
del gráfico con ag. del n.º 10 (6 mm).
**Hacer siempre la muestra.**

### ELÁSTICO RETORCIDO
(Sobre un número de p. par)
**1.ª v.** *1 p. der. ret., 1 p. rev.; rep. desde *
hasta el final.
Rep. la 1.ª v. para el elástico ret.

### MOTIVO DEL GRÁFICO
(Sobre un número de p. múltiplo de 4)
**C2** tejer del der. el 2.º p. de la ag. izq.,
luego tejer del der. el 1.er p. y sacar los
2 p. de la ag.
**1.ª a 5.ª v.** *2 p. der., 2 p. rev.; rep. desde *
hasta el final.
**6.ª v.** *C2, 2 p. rev.; rep. desde * hasta el
final.
**7.ª a 11.ª v.** *2 p. rev., 2 p. der.; rep. desde
* hasta el final.
**12.ª v.** *2 p. rev., C2; rep. desde * hasta el
final.
Rep. las v. 1.ª a 12.ª para el motivo del
gráfico.

### BUFANDA CAPUCHA
Montar 100 p. Poner marc. y unir, con
cuidado de no retorcer los p.
Tejer a p. de elástico ret. durante 6,5 cm.
**Empezar el motivo**
**1.ª v.** tejer 25 veces la rep. de 4 p. del
motivo. Continuar con el motivo hasta
haber tejido 3 veces las 12 v. del esquema
de puntos. Tejer a p. de elástico ret.
durante 6,5 cm. La bufanda mide 33 cm
desde el ppio. Cerrar los p. como
corresponda.

### ACABADO
Entretejer los cabos.

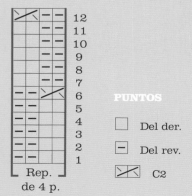

Rep.
de 4 p.

**PUNTOS**

☐ Del der.

⊟ Del rev.

⧄ C2

# Celosía ciega

No hay bufanda más vistosa que la de este modelo de dibujo de rejilla en crema y negro. Te atrapará en sus redes.

## MATERIALES

### Lana

Alaska, de Bergère de France, en madejas de 50 g y aprox. 55 m (lana/acrílico)
- 3 madejas de cada: n.º 233.811 agneau (blanco-A) y n.º 232.571 gouffre (negro-B)

### Agujas
- 1 aguja circular (ag. circ.) del n.º 13 (9 mm) y de 60 cm de largo, o del tamaño adecuado para la muestra
- 2 agujas de doble punta (ag. dp.) del n.º 13 (9 mm)

### Fornituras
- Marcador de puntos (marc.)
- Aguja de tapicería

## BUFANDA NÁUTICA DE REJILLA EN BLANCO Y NEGRO

Este dibujo de dos colores es un ejercicio de tejido estructural. Primero se teje la rejilla y luego se pasan unos cordones-I por el entramado. Pero no te asustes: es mucho más fácil de hacer de lo que quizá te parezca. Para lograr más grosor, se teje con dos hebras juntas.

### MEDIDAS FINALES

**Circunferencia:** 68,5 cm
**Alto:** 18 cm

### MUESTRAS

10 p. y 12 v. = 10 cm a p. liso der. con ag. del n.º 13 (9 mm) y 2 hebras de lana juntas.
8 p. y 19 v. = 10 cm de rejilla (una vez pasados los cordones-I) con ag. del n.º 13 (9 mm) y 2 hebras de lana juntas.
**Hacer siempre la muestra.**

### NOTAS

1) Utilizar siempre 2 hebras de lana juntas.
2) La base de la bufanda es una rejilla en la que se entretejen 18 cordones-I de 3 p. Los cordones-I se hacen después de terminar la base, utilizando los p. que quedan en la ag. de haber tejido la base.
3) La bufanda se teje en redondo con el rev. lab. hacia fuera en todas las v. Una vez hechos los cordones-I, se vuelve la bufanda del der. para entretejerlos por los calados.

### MOTIVO DE REJILLA

(Sobre un número de p. múltiplo de 3)
**1.ª v.** del rev.
**2.ª v.** *1 p. der., h., 2 p. j. der. ret.; rep. desde * hasta el final.
Rep. la 1.ª y 2.ª v. para el motivo de rejilla.

### CORDÓN-I (VER PÁGINA 134)

**1.ª v.** *3 p. der., sin girar, desl. los p. hasta el otro extremo de la ag. dp.
Rep. la 1.ª v. para el cordón-I.

### BUFANDA NÁUTICA

Con la ag. circ. y 2 hebras de A, montar 54 p. Poner marc. y unir, con cuidado de no retorcer los p.
Tejer 1 v. del der.
Tejer 12 veces la 1.ª y 2.ª v. del motivo de rejilla.
**V. sig.** del rev. Cortar las hebras A. Unir 2 hebras de B.
Tejer 1 v. del der., 1 v. del rev., 1 v. del der.
**V. de cordón-I** *con ag. dp., tejer 3 p. der. de la ag. circ. Tejer solo esos 3 p. con ag. dp. para hacer un cordón-I de 28 cm. Cerrar. Cortar las hebras dejando unos cabos de 15 cm (para luego coser). Rep. desde * otras 17 veces, uniendo otras hebras de lana B para cada cordón-I. Volver la bufanda del der. Entretejer cada cordón-I por los calados de la rejilla en diagonal, entrando siempre por el primer calado y saliendo por el segundo hasta llegar al borde inferior. Cuando estén pasados todos los cordones-I, volver de nuevo la bufanda para dejar el rev. lab. hacia fuera. Remeter cada extremo del cordón por debajo del primer "peldaño" del cordón siguiente y coser el primer cordón encima del segundo, utilizando los cabos. Rep. con todos los cordones.

### ACABADO

Entretejer los cabos.

# Dibujos de Aran

Esta bufanda trenzada y ricamente decorada es un homenaje al tejido de punto de la isla de Aran.

## MATERIALES

### Lana
LB Collection Organic Wool, de Lion Brand Yarn, en madejas de 100 g y aprox. 170 m (lana)
- 3 madejas del n.º 098 natural

### Agujas
- 4 agujas de doble punta (ag. dp.) del n.º 9 (5,5 mm), o del tamaño adecuado para la muestra
- Aguja auxiliar (ag. aux.) para ochos

### Fornituras
- Marcador de puntos (marc.)
- Aguja de tapicería

## BUFANDA CAPUCHA CON MOTIVOS DE ARAN
Esta bufanda color crema es un auténtico muestrario de los motivos tradicionales de Aran, que se teje en redondo formando tres tubulares que luego se trenzan. Se puede hacer en un color fuerte o en varios tonos, si se prefiere un resultado menos tradicional.

## MEDIDAS FINALES
**Circunferencia:** 66 cm
**Ancho:** 18 cm

## MUESTRA
18 p. y 28 v. = 10 cm a p. de arroz con ag. del n.º 9 (5,5 mm).
**Hacer siempre la muestra.**

## NOTA
La bufanda consta de tres tiras que se tejen por separado y luego se trenzan y se cosen.

## GLOSARIO DE PUNTOS
**Avellana** [1 p. del der. por delante, por detrás, por delante, por detrás y por delante] = 5 p.
Pasar el 2.º, 3.º, 4.º y 5.º p. a la ag. izq., de uno de uno, por encima del 1.º y sacarlos de la ag. Desl. el p. de nuevo a la ag. izq. y tejerlo del der. ret.
**C4 dcha.** desl. 2 p. a una ag. aux. por detrás de la lab., 2 p. der., 2 p. der. de la ag. aux.
**C4 izq.** desl. 2 p. a una ag. aux. por delante de la lab., 2 p. der., 2 p. der. de la ag. aux.
**C4 dcha.** del rev. desl. 2 p. a una ag. aux. por detrás de la lab., 2 p. der. 2 p. rev. de la ag. aux.
**C4 izq.** del rev. desl. 2 p. a una ag. aux. por delante de la lab., 2 p. rev., 2 p. der. de la ag. aux.
**C6 izq.** desl. 3 p. a una ag. aux. por delante de la lab., 3 p. der., 3 p. der. de la ag. aux.

## PUNTO DE ARROZ
(Sobre un número de p. par)
**1.ª v.** *1 p. der., 1 p. rev.; rep. de * hasta el final.
**2.ª v.** *1 p. rev., 1 p. der.; rep. desde * hasta el final.
Rep. la 1.ª y 2.ª v. para el p. de arroz.

## PUNTO DE ARROZ DOBLE
(Sobre un número de p. múltiplo de 4)
**1.ª y 2.ª v.** *2 p. der., 2 p. rev.; rep. desde * hasta el final.
**3.ª y 4.ª v.** *2 p. rev., 2 p. der.; rep. desde * hasta el final.
Rep. las v. 1.ª a 4.ª para el p. de arroz doble.

## ELÁSTICO 2/2
(Sobre un número de p. múltiplo de 4)
**1.ª v.** *2 p. der., 2 p. rev.; rep. desde * hasta el final.
Rep. la 1.ª v. para el elástico 2/2.

## ESQUEMA DE PUNTOS A
(Sobre un número de p. múltiplo de 15)
**1.ª y 2.ª v.** *2 p. rev., 8 p. der., 2 p. rev., 3 p. der.; rep. desde * hasta el final.
**3.ª v.** *2 p. rev., C4 izq. del rev., C4 der. del rev., 2 p. rev., [1 p. der. por delante, por detrás y por delante] 3 veces; rep. desde * hasta el final.
**4.ª v.** *4 p. rev., 4 p. der., 4 p. rev., [3 p. j. der.] 3 veces; rep. desde * hasta el final.
**5.ª y 6.ª v.** *4 p. rev., 4 p. der., 4 p. rev., 3 p. der.; rep. desde * hasta el final.
**7.ª v.** *2 p. rev., C4 dcha., C4 izq., 2 p. rev., [1 p. der. por delante, por detrás y por delante] 3 veces; rep. desde * hasta el final.
**8.ª v.** *2 p. rev., 8 p. der., 2 p. rev., [3 p. j. der.] 3 veces; rep. desde * hasta el final.
Rep. las v. 1.ª a 8.ª para el motivo del esquema de puntos A.

## ESQUEMA DE PUNTOS B
(Sobre un número de p. múltiplo de 15)
**1.ª, 3.ª y 4.ª v.** *2 p. rev., 6 p. der., 2 p.

rev., 1 p. der., 1 p. rev., 1 p. der. ret., 1 p. rev., 1 p. der.; rep. desde * hasta el final.

**2.ª v.** *2 p. rev., 6 p. der., 2 p. rev., 1 p. der., 1 p. rev., avellana, 1 p. rev., 1 p. der.; rep. desde * hasta el final.

**5.ª v.** *2 p. rev., C6 izq., 2 p. rev., 1 p. der., 1 p. rev., avellana, 1 p. rev., 1 p. der.; rep. desde * hasta el final.

**6.ª v.** rep. la 1.ª v.

Rep. las v. 1.ª a 6.ª para el motivo del esquema de puntos B.

## BUFANDA

### 1.ª tira

Montar 24 p. divididos entre 3 ag. Poner marc. y unir.

• **Sección A**

Trabajar a p. de arroz durante 14 cm.

Tejer 1 v. del der.

Tejer 5 v. del rev.

Tejer 1 v. del der.

• **Sección B**

Tejer a p. de arroz doble durante 13,5 cm.

Tejer 1 v. del der.

Tejer 5 v. del rev.

Tejer 1 v. del der.

• **Sección C**

Tejer a p. de elástico 2/2 durante 12,5 cm.

Tejer 1 v. del der.

Tejer 5 v. del rev.

Tejer 1 v. del der.

Tejer otra vez las secciones A y B. Cerrar los p. como corresponda.

La pieza mide unos 80 cm desde el ppio.

### 2.ª tira

Montar 30 p. divididos entre 3 ag. Poner marc. y unir.

Tejer el motivo del esquema de puntos A hasta que la pieza mida 80 cm desde el ppio.

Cerrar los p. como corresponda.

### 3.ª tira

Montar 30 p. divididos entre 3 ag. Poner marc. y unir.

Tejer el motivo del esquema de puntos B hasta que la pieza mida 80 cm desde el ppio.

Cerrar los p. como corresponda.

## ACABADO

Entretejer los cabos. Fijar las tiras sobre una superficie plana. Alisarlas y coser los extremos (en las tiras 2.ª y 3.ª comprobar que el p. indicado en el esquema de puntos queda en el centro de cada tira). Prender las tiras con alfileres una junto a otra sobe una cama o un sillón de tapicería y trenzarlas. Coser la bufanda formando un aro (los extremos de las tiras no casarán), uniendo los extremos. Para dar mayor estabilidad a la prenda, coser los laterales con puntadas largas.

## DIAGRAMA DE TRENZADO

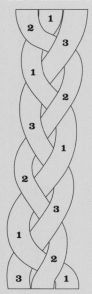

## ESQUEMA DE PUNTOS A

Centro

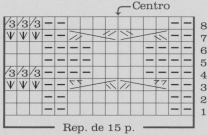

Rep. de 15 p.

## ESQUEMA DE PUNTOS B

Centro

Rep. de 15 p.

## PUNTOS

| | |
|---|---|
| □ | Del der. |
| − | Del rev. |
| Ω | 1 p. der. ret. |
| ● | Avellana |
| Ⅴ | Tejer 1 p. por delante, por detrás, por delante |
| /3 | 3 p. j. der. |
| | C4 dcha. |
| | C4 izq. |
| | C4 dcha. del rev. |
| | C4 izda. del rev. |
| | C6 izq. |

# Tesoro escondido

Para llevar lo imprescindible como las llaves, algún dinero, el abono transporte… ¿por qué no una bufanda con un práctico bolsillo?

## MATERIALES

### Lana
Bulky, de Blue Sky Alpacas, en ovillos de 100 g y 41 m (alpaca/lana)
- 5 ovillos del n.º 1218 azalea (rosa fresa)

### Agujas
- 1 aguja circular (ag. circ.) del n.º 13 (9 mm) y 40 cm de largo, o del tamaño adecuado para la muestra

### Fornituras
- Marcador de puntos (marc.)
- Aguja de tapicería
- 3 botones de 38 mm

## BUFANDA CON BOLSILLO
Esta gruesa bufanda a punto de elástico da un nuevo significado a los "restos de lana". Su construcción en forma tubular crea un escondite natural que se cierra abrochándolo con tres botones. ¡Te guardaré el secreto!

## MEDIDAS FINALES
**Circunferencia:** 71 cm
**Alto:** 20,5 cm

## MUESTRA
12 p. y 12 v. = 10 cm tejidos a p. de elástico 2/2 con ag. del n.º 13 (9 mm).
**Hacer siempre la muestra.**

## ELÁSTICO 2/2
(Sobre un número de p. múltiplo de 4)
**1.ª v.** *1 p. der., 2 p. rev.; rep. desde * hasta el final.
Rep. la 1.ª v. para el elástico 2/2.

## BUFANDA NÁUTICA
Montar 48 p. Poner marc. y unir, con cuidado de no retorcer los p. Tejer a p. de elástico 2/2 durante 71 cm.

## ACABADO
### Solapa de ojales
**V. sig. (ojales):** cerrar 26 p., 1 p. rev., 2 p. der., 1 p. rev., h., 1 p. rev., 2 p. der., 2 p. rev., 1 p. der., h., 1 p. der. 2 p. rev., 2 p. der., 1 p. rev., h., 1 p. rev., 2 p. der., 2 p. rev. Trabajar ida y vuelta durante 22 p. como sigue:
**1.ª v. (rev. lab.)** 2 p. der., 2 p. rev., SS. der., 1 p. der., 2 p. rev., 2 p. der., SS. rev., 1 p. rev., 2 p. der., 2 p. rev., SS. der., 1 p. der., 2 p. rev., 2 p. der.
**2.ª y 4.ª v.** [2 p. rev., 2 p. der.] 5 veces, 2 p. rev.
**3.ª v.** [2 p. der., 2 p. rev.] 5 veces, 2 p. der.
Cerrar los p. como corresponda.
Unir un extremo de la bufanda con el otro, con cuidado de no retorcer el tubular, dejando sin coser los 22 p. de la solapa con ojales. Entretejer los cabos. Coser los botones junto al borde de los p. montados, coincidiendo con los ojales.

# En el filo

Unos cuantos volantes de punto convergen para formar un elegante cuello que aportará un toque victoriano.

## MATERIALES

### Lana

Donegal Tweed, de Tahki/Tahki-Stacy Charles, Inc., en ovillos de 100 g y aprox. 167 m (lana)
- 1 ovillo del n.º 859 verde oliva fuerte (A) Torino, de Tahki/Tahki-Stacy Charles, Inc., en madejas de 50 g y aprox. 85 m (lana)
- 1 ovillo de cada: n.º 115 azulina fuerte (B) y n.º 116 oliva (C)

### Agujas

- 1 aguja circular (ag. circ.) del n.º 8 (5 mm) y 60 cm de largo, o del tamaño adecuado para la muestra

### Fornituras

- Aguja de tapicería
- 2,5 m de cordón de ante en rojo, de 3 x 1,75 mm de sección, n.º H20-1394BS
- 2 cuentas de madera en color natural, de 30 x 21 mm, ovaladas, n.º H20-731ONB

## CUELLO DE VOLANTES

Este cuello a capas está formado por unas puntillas tejidas con lana en distintas tonalidades. Se pueden probar otros volantes y otras combinaciones de color para personalizar el cuello.

## MEDIDAS FINALES

**Circunferencia del cuello:** 46 cm
**Ancho:** 11,5 cm

## MUESTRA

18 p. y 24 v. = 10 cm a p. liso der. con ag. del n.º 8 (5 mm) y A.
**Hacer siempre la muestra.**

## NOTAS

**1)** El cuello consiste en 3 capas que se tejen por separado y se unen pasando un cordón de ante por las vueltas de pasacintas.
**2)** Cada capa se trabaja ida y vuelta con ag. circ. para que quepan todos los p.

## ESQUEMA DE PUNTOS A

(Sobre un número de p. múltiplo de 14 más 1)
**1.ª v. (der. lab.)** 1 p. der., *h., 3 p der., SS. rev., h., SD. rev., h., 2 p. j. der., 3 p. der., h., 1 p. der.; rep. desde *.
Rep. la 1.ª y 2.ª v. para el motivo del gráfico A.

## ESQUEMA DE PUNTOS B

(Sobre un número de p. múltiplo de 16 más 5)
**1.ª v. (der. lab.)** *5 p. der., 11 p. rev.; rep. desde * terminando por 5 p. der.
**2.ª v.** 5 p. rev., *2 p. j. der., 7 p. der., SS. der., 5 p. rev.; rep desde *.
**3.ª v.** *5 p. der., 9 p. rev.; rep. desde * terminando por 5 p. der.
**4.ª v.** 5 p. rev., *2 p. j. der., 5 p. der., SS. der., 5 p. rev.; rep. desde *.
**5.ª v.** *5 p. der., 7 p. rev.; rep. desde *, terminando por 5 p. der.
**6.ª v.** 5 p. rev., *2 p. j. der., 3 p. der., SS. der., 5 p. der.; rep. desde *.
**7.ª v.** *5 p. der., 5 p. rev.; rep. desde * terminando por 5 p. der.
**8.ª v.** 5 p. der., *2 p. j. rev., 1 p. der., SS. der., 5 p. rev.; rep. desde *.
**9.ª v.** *5 p. der., 3 p. rev.; rep. desde *, terminando por 5 p. der.
**10.ª v.** 5 p. rev., *SD. rev., 5 p. rev.; rep. desde *.
**11.ª v.** *5 p. der., 1 p. rev.; rep. desde *, terminando por 5 p. der.

## CUELLO

### 1.ª capa: volante con calados

Con A, montar 169 p. Tejer 1 v. rev. por el rev. lab.

Tejer 7 veces las 2 v. del esquema de puntos A.
**V. de mg. (der. lab.)** 1 p. der., [SS. der.] 4 veces, [2 p. j. der.] 3 veces; rep. desde * hasta el final = 85 p.
Tejer 1 v. del rev.
**V. de pasacintas (der. lab.)** 1 p. der., *h., 2 p. j. der.; rep. desde * hasta el final.
Tejer 1 v. del rev., 1 v. del der.
Cerrar del der. por el rev. lab.

### 2.ª capa: volante de campana

Con B, montar 229 p.
Tejer las v. 1.ª a 11.ª del gráfico B = 89 p.
**V. sig. (rev. lab.)** [2 p. j. der.] 2 veces, del der. hasta los 4 últimos p., [SS. der.] 2 veces = 85 p.
**V. de pasacintas (der. lab.)** 1 p. der., *h., 2 p. j. der.; rep. desde * hasta el final.
Tejer 1 v. del der.
Cerrar del der. por el rev. lab.

### 3.ª capa: volante sencillo

Con C, montar 340 p.
**1.ª v. (der. lab.)** *2 p. der., pasar el 2.º p. por encima del 1.º y sacarlo de la ag.; rep. desde * hasta el final = 170 p.
**2.ª v.:** 2 p. j. rev.; rep. desde *hasta el final = 85 p. Tejer 1 v. del der., tejer 1 v. del rev., tejer 2 v. del der.
**V. de pasacintas (der. lab.)** 1 p. der., *h., 2 p. j. der.; rep. desde * hasta el final.
Tejer 1 v. del der. Cerrar.

## ACABADO

Entretejer los cabos. Fijar las capas sobre una superficie plana. Ponerlas una sobre otra con la n.º 1 debajo, la 2.ª en el centro y la 3.ª arriba. Casar los pasacintas. Pasar una aguja de tapicería enhebrada con el cordón de cuerpo por los pasacintas de las 3 capas al mismo tiempo. Hacer un nudo en el cordón a cada lado de los bordes del cuello. Enfilar una cuenta en cada extremo y sujetarla con un nudo. Hacer otro nudo en cada extremo del cordón.

## ESQUEMA DE PUNTOS A

Rep. de 14 p.

## PUNTOS

| | | | |
|---|---|---|---|
| ☐ | Del der. | ⟋ | SS. por el der. lab. |
| — | Del rev. | ⟋ | SS. por el rev. lab. |
| ○ | Hebra | ⟍ | SD. por el der. lab. |
| ⟍ | 2 p. j. der. por el der. lab. | ⟍ | SD. por el rev. lab. |
| ⟍ | 2 p. j. der. por el rev. lab. | | |

## ESQUEMA DE PUNTOS B

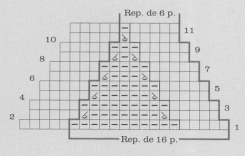

Rep. de 6 p.

Rep. de 16 p.

# Con pétalos de flor

Una lana de mohair suave y unas perlas de cristal otorgan a esta
romántica bufanda un valor sentimental.

## MATERIALES

### Lana
Kidsilk Aura, de
Rowan/Westminster Fibers, en
madejas de 25 g y aprox. 75 m
(mohair/seda)
- 5 madejas del n.º 757 vintage (A)
Wool Cotton, de Rowan/
Westminster Fibers, en madejas
de 50 g y aprox. 113 m
(lana/algodón)
- 2 madejas del n.º 954 grand (B)
Shimmer, de Rowan/Westminster
Fibers, en madejas de 25 g y
aprox. 175 m (cupro/poliéster)
- 1 madeja del n.º 092 plata (C)

### Agujas
- 1 aguja circular (ag. circ.) del
n.º 8 y 1 del n.º 9 (5 y 5,5 mm) y
de 40 cm de largo, o del tamaño
adecuado para la muestra
- 4 agujas de doble punta (ag. dp.)
del n.º 5 y 4 del n.º 7 (3,75 y
4,5 mm)

### Fornituras
- Marcador de puntos (marc.)
e imperdibles
- 36 perlas redondas de cristal
Swarovski®, gris oscuro, de
12 mm, con perforación grande,
n.º H20-1625GP
- Aguja de coser e hilo coordinado
- Aguja circular auxiliar (ag. circ.
aux.) para el grafting
- Aguja de tapicería

## CUELLO DE MOHAIR METALIZADO MEDIDAS FINALES

**Largo (sin tiras de atar):** 58,5 cm
**Alto:** 23 cm

## MUESTRAS

18 p. y 23 v. = 10 cm en el motivo
del esquema de puntos (ver página
131) con ag. del n.º 9 (5,5 mm).
22 p. y 30 v. = 10 cm a p. liso der. con B
y ag. del n.º 5 (3,75 mm).
**Hacer siempre la muestra.**

## CUELLO (LADO 1)

### Lazos de pétalos (hacer 3)
Con las ag. dp. más finas y B, montar 1 p.
**1.ª v.** tejer el p. del der. por delante y por
detrás (1 p. der. x 2) = 2 p. No girar, desl.
hasta el otro extremo de la ag.
**2.ª v.** 2 p. der. No girar, desl. los p.
**3.ª v.** [1 p. der. x 2] 2 veces = 4 p.
No girar, desl. los p.
**4.ª v.** 4 p. der. No girar, desl. los p.
**5.ª v.** con la 1.ª ag. dp., [1 p. der. x 2]
2 veces; con la 3.ª dp.: 1 p. der. x 2 en
el último p. = 8 p. (1.ª ag. dp.: 2 p.; 2.ª ag.
dp.: 4 p.; 3.ª ag. dp.: 2 p.).
Unir y trabajar en redondo.
**6.ª v. y todas las v. pares:** del der.
**7.ª v.:** 1.ª ag. dp.: 1 p. der., 1 p. der. x 2;
2.ª ag. dp.: 1 p. der. x 2, 2 p. der., 1 p. der.
x 2 , 3.ª ag. dp.: 1 p. der. x 2, 1 p. der. =
3/6/3 p.
**V. 9.ª a 23.ª (v. impares):** con la 1.ª ag.
dp.: del der. hasta el último p., 1 p. der. x
2; con la 2.ª ag. dp.: 1 p. der. x 2, del der.
hasta el último p., 1 p. der. x 2; con la 3.ª
ag. dp.: 1 p. der. x 2, del der. hasta el
final. Al terminar la 23.ª v., hay 11/22/
11 p.
**25.ª v.** 1.ª ag. dp.: 4 p. der., [SS.] 3 veces,
1 p. der. x 2; 2.ª ag. dp.: 1 p. der. x 2, [2 p.
j. der.] 3 veces, 8 p. der., [SS.] 3 veces, 1 p.
der. x 2; 3.ª ag. dp.: 1 p. der. x 2, [2 p. j.
der] 3 veces, 4 p. der. = 9/18/9 p.
**27.ª v.** 1.ª ag. dp.: 2 p. der., [SS.] 3 veces,
1 p. der. x 2; 2.ª ag. dp.: 1 p. der. x 2, [2 p.
j. der.] 3 veces, 4 p. der., [SS.] 3 veces, 1 p.
der. x 2; 3.ª ag. dp.: 1 p. der. x 2, [2 p. j.
der.] 3 veces, 2 p. der. = 7/14/7 p.
**29.ª v.** 1.ª ag. dp.: 2 p. der., [SS.] 2 veces,
1 p. der. x 2; 2.ª ag. dp.: 1 p. der. x 2, [2 p.
j. der.] 2 veces, 4 p. der., [SS.] 2 veces, 1 p.
der. x 2; 3.ª ag. dp.: 1 p. der. x 2, [2 p. j.
der.] 2 veces, 2 p. der. = 6/12/6 p.
**31.ª v.** 1.ª ag. dp.: [2 p. j. der.] 3 veces;
2.ª ag. dp.: [2 p. j. der.] 6 veces; 3.ª ag.
dp.: [2 p. j. der.] 3 veces = 3/6/3 p.
**33.ª v.** utilizando una ag. dp.: [2 p. j. der.]
6 veces = 6 p. No girar, desl. los p. hasta
el otro extremo de la ag.
**34.ª y 35.ª v.** 6 p. der. No girar, desl. los p.
Para 2 pétalos, cortar la hebra y pasar los
p. a un imperdible. Para el 3.er pétalo, no
cortar la hebra y dejar los p. en una ag. dp.

### Unir los pétalos
Desl. 2 pétalos del imperdible a 2 ag. dp.
distintas. Luego, con la ag. dp. del 3.er
pétalo, 6 p. der. de una ag. dp. y 6 p. der.
de la otra ag. dp. = 18 p. en 1 ag. dp.
Dividir los p. entre 3 ag. dp. y unirlos de
este modo para tejer en redondo :
**1.ª y 2.ª v.** del der.
**3.ª v.** [2 p. j. der.] 9 veces = 9 p.
Tejer 30 v. del der. y luego 3 v. del rev.
Cortar la hebra. Dejar los p. en las ag.
Cambiar a las ag. dp. más gruesas y A.
**1.ª v.** [1 p. der. x 2, 1 aum.] 9 veces = 27 p.
**2.ª v.** tejer la 3.ª v. del motivo del esquema
de puntos (ver página 131).
**3.ª v.** con A, del der.
**4.ª v.** [1 p. der. x 2, 1 aum.] 27 veces = 81 p.
Tejer 2 veces las v. 1.ª a 5.ª del esquema
de puntos.
Cambiar a la ag. circ. del n.º 8 (5 mm).
Tejer 5 veces las v. 1.ª a 5.ª del esquema
de puntos.
Cambiar a la ag. circ. del n.º 9 (5,5 mm).
Tejer 6 veces las v. 1.ª a 5.ª del esquema
de puntos.
Pasar los p. a una ag. circ. aux. Cortar la
hebra dejando un cabo de 20,5 cm.

## CUELLO (LADO 2)
Tejer como el primer lado, pero dejar los
p. en la ag. circ. del n.º 9. Cortar la hebra
dejando un cabo de 137 cm para el grafting
(ver página 134).

## ACABADO
Con la aguja de tapicería y el cabo más
largo, coser las piezas con un grafting de
p. Kitchener (ver página 134). Con la
aguja de coser e hilo, coser 3 cuentas a
cada lado de los pétalos.

# Marcado contraste

Esta bufanda náutica de dibujo blanco y negro se puede tejer en marino y blanco y combina con todo.

## MATERIALES

### Lana

Ariosa, de Classic Elite Yarns, en madejas de 50 g y aprox. 80 m (merino/cachemir)
- 2 madejas del n.º 4810 azul oscuro (A)
- 2 madejas del n.º 4801 blanco (B)

### Agujas
- 1 aguja circular (ag. circ.) del n.º 10½ (6,5 mm) y 60 cm de largo, o del tamaño adecuado para la muestra

### Fornituras
- Marcador de puntos (marc.)
- Aguja de tapicería

## BUFANDA NÁUTICA DE RAYAS JACQUARD

Las rayas muy marcadas y el diseño noruego se dan la mano en esta espléndida bufanda.

## MEDIDAS FINALES

**Circunferencia de los hombros:** 79 cm
**Circunferencia del cuello:** 72 cm
**Alto (doblada):** 20 cm

## MUESTRA

17 p. y 17 v. = 10 cm a p. de elástico 2/2 bicolor con ag. del n.º 10½ (6,5 mm).
**Hacer siempre la muestra.**

## ELÁSTICO 2/2 BICOLOR

(Sobre un número de p. múltiplo de 4)
**1.ª v.** *con A, 2 p. der., pasar B hacia el der. lab. y 2 p. rev.; pasar B hacia el rev. lab.; rep. desde * hasta el final.
Rep. la 1.ª v. para el elástico 2/2 bicolor.

## BUFANDA NÁUTICA

### Cuello

Con A, montar 120 p. Poner marc. y unir, con cuidado de no retorcer los p.
Tejer a p. de elástico 2/2 bicolor hasta que la pieza mida 25,5 cm desde el ppio.

### Hombros

**V. sig.** con A, del der.
**V. de aum.** con A, [9 p. der., 1 p. der. por delante y por detrás] 12 veces = 132 p.
Tejer la 1.ª a 12.ª v. del motivo del esquema de puntos.
Con A, cerrar a p. de elástico.

## ACABADO

Entretejer los cabos. Doblar la parte de elástico de la bufanda por la mitad hacia dentro, casando la parte de los p. montados con la 1.ª v. de los hombros. Fijar para que no se enrolle la sección de los hombros.

| | |
|---|---|
| — | 12 |
| — | 11 |
| | 10 |
| | 9 |
| | 8 |
| | 7 |
| | 6 |
| | 5 |
| | 4 |
| | 3 |
| | 2 |
| | 1 |

Rep. de 2 p.

### PUNTOS

☐ Del der.

— Del rev.

### COLORES

☐ Azul oscuro (A)

☐ Blanco (B)

# Labor de enfilado

Lo práctico se une a lo frívolo en este encantador conjunto. Primero se teje la bufanda náutica y luego se adorna con unos hilos de cuentas imitando cuarzo.

## MATERIALES

### Lana
Venecia, de Cascade Yarns, en madejas de 100 g y aprox. 93 m (lana merina/seda)
- 3 madejas del n.º 119 marino (A) Aura, de Trendsetter Yarns, en madejas de 50 g y aprox. 132 m (nailon)
- 1 madeja del n.º 3211 gris (B) Cinta Cleopatra Ribbon, de Tilli Tomas, en madejas de 75 g y aprox. 36 m (dupión de seda con cuentas de vidrio)
- 1 madeja atmosphere (C)

### Agujas
- Aguja circular (ag. circ.) del n.º 9 (5,5 mm) y 40 cm de largo, o del tamaño adecuado para la muestra

### Fornituras
- Marcador de puntos (marc.)
- Aguja de tapicería
- 136 cuentas pony transparentes
- 1 m de cinta de 16 mm de ancho
- Ganchillo del n.º 1 (5,5 mm)

## COMBINACIÓN DE BUFANDA NÁUTICA Y COLLAR
Una bufanda náutica clásica de ochos combina con unos sorprendentes hilos de cuentas transparentes enfiladas con unos sencillos puntos de ganchillo. Los puedes lucir por separado o juntos, según te apetezca. Las cuentas pony son ligeras, ¡úsalas sin miedo para brillar bien!

## MEDIDAS FINALES (BUFANDA)
**Circunferencia del cuello:** 46 cm
**Circunferencia de los hombros:** 57 cm
**Alto:** 15 cm

## MUESTRA
16 p. y 21 v. = 10 cm en el motivo del gráfico A con ag. del n.º 9 (5,5 mm) y A.
**Hacer siempre la muestra.**

## ESQUEMA DE PUNTOS A (VER PÁGINA 131)
(Sobre un número de p. múltiplo de 4)
**1.ª v.** *2 p. rev., 2 p. der.; rep. desde * hasta el final.
**2.ª v.** *2 p. rev., 1 p. der., h., 1 p. der.; rep. desde * hasta el final.
**3.ª v.** *2 p. rev., 3 p. der.; rep. desde * hasta el final.
**4.ª v.** *2 p. rev., 3 p. der., con la ag. izq. pasar el 1.er p. de esos 3 por encima de los 2 últimos y sacarlo de la ag. dcha.; rep. desde * hasta el final.
Rep. las v. 1.ª a 4.ª para el motivo del esquema de puntos A.

## ESQUEMA DE PUNTOS B (VER PÁGINA 131)
(Empezar sobre un número de p. múltiplo de 4)
**1.ª v.** *1 p. rev., 1 aum. rev., 1 p. rev., 2 p. der.; rep. desde * hasta el final.
**2.ª v.** *3 p. rev., 1 p. der., h., 1 p. der.; rep. desde * hasta el final.
**3.ª v.** *3 p. rev., 3 p. der.; rep. desde * hasta el final.
**4.ª v.** *3 p. rev., 3 p. der., con la ag. izq. pasar el 1.er p. por encima de los 2 últimos p. y sacarlo de la ag. dcha.; rep. desde * hasta el final.
**5.ª v.** *3 p. rev., 2 p. der.; rep. desde * hasta el final.
**6.ª a 9.ª v.** rep. las v. 2.ª a 5.ª.
**10.ª a 12.ª v.** rep. las v. 2.ª a 4.ª.

## BUFANDA NÁUTICA
Con A, montar 72 p. Poner marc. y unir, con cuidado de no retorcer los p.
Tejer 5 veces las 4 v. del esquema de puntos A.
Tejer las v. 1.ª a 12.ª del esquema de puntos B.
Cerrar los p. como corresponda.

## COLLAR A (HACER 1)
Con la aguja de tapicería y B, enfilar 64 p. Con el ganchillo, hacer una cadeneta (ver página 135) con 1 cuenta en cada presilla, como sigue:
hacer un nudo corredizo sobre el ganchillo, junto al final de la hebra.
*Desl. 1 cuenta en el ganchillo, hacer 1 cad. cogiendo la hebra del otro lado de la cuenta y pasándola por la presilla del ganchillo (sujetando así la cuenta); rep. desde * hasta utilizar todas las cuentas.
Cortar la hebra. Unir el collar en redondo y anudar.

## COLLAR B (HACER 4)
Con la aguja de tapicería y B, enfilar 72 cuentas. Con el ganchillo, hacer una cadeneta con 1 cuenta en cada presilla.
Unir el collar en redondo y anudar.

## COLLAR C (HACER 1)
Con el ganchillo y C, hacer una cadeneta de 60 cm. Unir en redondo y anudar.

## COLLAR D (HACER 1)
Con el ganchillo y C, hacer una cadeneta de 71 cm. Unir en redondo y anudar.

## ACABADO
Entretejer los cabos.
**Unir los collares**
Sujetar los collares juntos alineando las uniones con un nudo. Atar una cinta alrededor de los 8 collares en ese sitio.
Si se desea, se puede unir el collar a la bufanda dando unas puntadas con la aguja de tapicería y lana.

# La historia interminable

Con esta bufanda en redondo extralarga, las opciones son infinitas.
La puedes llevar larga o enrollártela para que te abrigue una y otra vez.

## MATERIALES

### Lana

Cashmerino Chunky, de Debbie Bliss/KFI, en madejas de 50 g y aprox. 65 m (lana/microfibra/cachemir)

- 2 madejas de cada: n.º 14 topo (A), n.º 18 azul marino (B), n.º 32 antracita (C) y n.º 27 marrón (D)

### Agujas

- 1 aguja circular (ag. circ.) del n.º 10 (6 mm), de 80 cm de largo, o del tamaño adecuado para la muestra

### Fornituras

- Marcador de puntos (marc.)
- Aguja de tapicería

## BUFANDA INFINITY DE RAYAS

Esta bufanda se teje en redondo como un aro enorme para que resulte muy larga. El dibujo de rayas con textura queda en varios sentidos cuando la bufanda está enrollada. Si se trabajan los bordes con colores y motivos distintos, se añade aún más interés a la prenda.

## MEDIDAS FINALES

**Circunferencia:** 152 cm
**Ancho:** 24 cm

## MUESTRA

16 p. y 23 v. = 10 cm en el motivo con ag. del n.º 10 (6 mm).
**Hacer siempre la muestra.**

## GLOSARIO DE PUNTOS

**Avellana** [1 p. der. por delante y por detrás] 2 veces = 4 p., pasar el 2.º, el 3.º y el 4.º p. por encima del 1.º, de uno en uno, y sacarlos de la ag.; desl. el p. a la ag. izq. y tejerlo del der.

## MOTIVO

(Sobre un número de p. múltiplo de 12)
**1.ª v.** del der.
**2.ª a 4.ª v.** *6 p. der., 6 p. rev.; rep. desde * hasta el final.
**5.ª v.** *2 p. der., [avellana] 2 veces, 2 p. der., 2 p. rev., cerrar 2 p., 1 p. rev.; rep. desde * hasta el final.
**6.ª v.** *2 p. der., [1 p. der. ret.] 2 veces, 2 p. der., 2 p. rev., montar 2 p. encima de donde se cerraron, 2 p. rev.; rep. desde * hasta el final.
**7.ª y 8.ª v.** rep. la 2.ª v.

**9.ª v.** del der.
**10.ª a 12.ª v.** *6 p. rev., 6 p. der.; rep. desde * hasta el final.
**13.ª v.** *2 p. rev., cerrar 2 p., 1 p. rev., 2 p. der., [avellana] 2 veces, 2 p. der.; rep. desde * hasta el final.
**14.ª v.** *2 p. rev., montar 2 p. encima de donde se cerraron, 2 p. rev., 2 p. der., [1 p. der. ret.] 2 veces, 2 p. der.; rep. desde * hasta el final.
**15.ª y 16.ª v.** rep. la 10.ª v.
Rep. las v. 1.ª a 16.ª para hacer el motivo.

## BUFANDA

Con A, montar 240 p. Poner marc. y unir, con cuidado de no retorcer los p.
**1.ª v.** *2 p. der., 2 p. rev.; rep. desde * hasta el final.
**2.ª v.** con B, del der.
**3.ª v.** con B, rep. la 1.ª v.
**4.ª y 5.ª v.** con C, rep. la 2.ª y 3.ª v.
**6.ª y 7.ª v.** con D, rep. la 2.ª y 3.ª v.
**8.ª y 9.ª v.** con A, rep. la 2.ª y 3.ª v.
**10.ª y 11.ª v.** con C, rep. la 2.ª y 3.ª v.
Con B, tejer las v. 1.ª a 8.ª del motivo.
Con D, rep. las v. 9.ª a 16.ª del motivo.
Con C, rep. las v. 1.ª a 8.ª del motivo.
Con A, rep. las v. 9.ª a 16.ª del motivo.
Con B, del der.
**10 v. sig.** tejer a p. de elástico 1/1 (1 p. der., 1 p. rev.) en la sig. secuencia de color: 1 v. de cada: D, C, A, D, B, A, C, D, A, C.
Con B, cerrar.

## ACABADO

Entretejer los cabos.

# Siempre hay flecos

Te sentirás como una auténtica "vaquera" con esta bufanda cuello, inspirada en el Oeste. Se teje en cinco colores de lana y mohair, se fieltra y se corta para formar los flecos de los bordes.

## MATERIALES

### Lana

Lamb's Pride Bulky, de Brown Sheep Co., en madejas de 113 g y aprox. 114 m (lana/mohair)
- 2 madejas del n.º M-07 arena (A)
- 1 madeja de cada: n.º M-14 dorado (B), n.º M-05 ónice (C), n.º M-10 crema (D) y n.º M-185 berenjena (E)

### Agujas

- 1 aguja circular (ag. circ.) del n.º 11 (8 mm) y 74 cm de largo, o del tamaño adecuado para la muestra

### Fornituras

- Marcador de puntos (marc.)
- Aguja de tapicería
- Hilo grueso o bramante
- 2 tiras de tela de algodón de 7,6 x 117 cm
- Tijeras afiladas

## BUFANDA FIELTRADA

Esta bufanda para recorrer el rancho o pasear por la ciudad es realmente espectacular. El trabajo de tejido es fácil; el acabado es el que requiere algo de cuidado, pero vale la pena el esfuerzo.

## MEDIDAS FINALES (YA FIELTRADA)

**Circunferencia de los hombros:** 100 cm
**Circunferencia del cuello:** 75,5 cm
**Alto (doblada):** 21,5 cm

## MUESTRA (YA FIELTRADA)

14 p. y 24 v. = 10 cm a p. liso der. con ag. del n.º 11 (8 mm).
**Hacer siempre la muestra.**

## GLOSARIO DE PUNTOS

**1 A.** levantar la hebra anterior al p. sig. de la ag. izq. y sacar 1 p. del der., luego tejer el p. sig.

## BUFANDA

Con B, montar 138 p. Poner marc. y unir, con cuidado de no retorcer los p.
Tejer 18 v. del der. Cortar B. Unir A.
**V. de mg.** 2 p. j. der., del der. hasta los 2 últimos p., SS. = 136 p.
**V. sig.** del der.
Rep. 8 veces las 2 últimas v. = 120 p. Cortar A. Unir C.
**V. de mg.** 2 p. j. der., del der. hasta los 2 últimos p., SS. = 118 p.
**V. sig.** del der.
Rep. 4 veces más las 2 últimas v. = 110 p. Cortar C. Unir D.
**V. de mg.** 2 p. j. der., del der. hasta los 2 últimos p., SS. = 108 p.
**V. sig.** del der.
Rep. 2 veces más las 2 últimas v. = 104 p. No cortar la hebra.

**V. de aum.** 1 aum., del der. hasta el último p., 1 aum., 1 p. der. = 106 p.
**V. sig.** del der.
Rep. 2 veces más las 2 últimas v. = 110 p. Cortar D. Unir C.
**V. de aum.** 1 aum., del der. hasta el último p., 1 aum. = 112 p.
**V. sig.** del der.
Rep. 4 veces más las 2 últimas v. = 120 p. Cortar C. Unir A.
**V. de aum.** 1 aum., del der. hasta el último p., 1 aum. = 122 p.
**V. sig.** del der.
Rep. 8 veces más las 2 últimas v. = 138 p. Cortar A. Unir E.
Tejer 13 v. del der. Cerrar sin apretar.

## ACABADO

Entretejer los cabos.
Para que los bordes no se ricen al fieltrar, hilvanar de este modo la bufanda sobre una tira de tela de algodón: con una aguja de tapicería enhebrada con hilo fuerte o bramante, hilvanar el borde de la bufanda (con el der. lab. hacia ariba) sobre la tela con puntadas largas. Repetir con el otro borde de la bufanda y otra tira de tela.
**Fieltrado de la bufanda**
Lavar la bufanda en programa de agua caliente, nivel intermedio, con un poco de detergente.
Cuando el lavado esté terminado, sacar la bufanda y alisarla sobre una superficie plana: retirar el borde de tela y los hilvanes. Con tijeras, cortar unas tiras de 1,25 cm de ancho en los bordes superior e inferior de distinto color. Secar bien.
Doblar la bufanda por la mitad y ponerla con el pico en V hacia delante.

# Luces y brillos

Brillarás con este collar tejido adornado con chispas de cristal en tonos dorados.

## MATERIALES

**Lana**

Euroflax, de Louet, en madejas de 100 g y aprox. 246 m (lino)
- 1 madeja en color champagne

**Agujas**
- 1 aguja circular (ag. circ.) del n.º 6 (4 mm) y 80 cm de largo, o del tamaño adecuado para la muestra

**Forniuras**
- Marcador de puntos (marc.)
- 8 cuentas de cristal Swarovski® Pyramids Keystone pequeñas, de 13 x 7 mm, estilo 5181, n.º 001 GSHA doradas
- Aguja de coser e hilo coordinado
- Aguja de tapicería

## COLLAR FRUNCIDO

Este collar fruncido está pensado como accesorio de una blusa o para vestir un cuello desnudo. Es bonito y versátil (se puede llevar largo o como gargantilla), y aunque no caliente, sí atraerá las miradas.

## MEDIDAS FINALES

**Largo:** 58,5 cm

## MUESTRA

18 p. y 30 v. = 10 cm a p. de musgo (todas las v. del der.) con ag. del n.º 6 (4 mm).
**Hacer siempre la muestra.**

## COLLAR

Montar 360 p. Poner marc. y unir, con cuidado de no retorcer los p.
Tejer 3 v. del der.

**V. sig.** cerrar 150 p., del der. hasta el final, luego recoger y tejer del der. 1 p. para cerrar la v. = 211 p.
Girar y empezar a tejer ida y vuelta como sigue (el lado del der. de la tira es ahora el rev. lab.):
**V. sig. (der. lab.)** del der. hasta el final, recoger 1 p. y tejerlo del der. = 212 p.
Tejer 16 v. del der.
**V. sig. (rev. lab.)** del rev. En la v. sig.:
[2 p. j. der.] 106 veces = 106 p.
**V. sig.** [2 p. j. der.] 53 veces = 53 p.
**V. sig.** [2 p. j. der.] 26 veces, 1 p. der. = 27 p.
Cerrar del der.

## ACABADO

Entretejer los cabos. Con hilo y aguja de coser, poner 8 cuentas a lo largo del borde del rev., en la línea del escote.

# Nomeolvides

No te hagas un lío al tejer con nudos esta bufanda náutica de diseño intrincado. Es más fácil de lo que parece.

## MATERIALES

### Lana

Sundae, de Berroco, en ovillos de 100 g y aprox. 57 m (lana/acrílico)
- 5 ovillos del n.º 8710 marmalade (naranja tostado)

### Agujas
- 1 aguja circular (ag. circ.) del n.º 13 (9 mm) y 60 cm de largo, o del tamaño adecuado para la muestra
- 1 aguja auxiliar para ochos (ag. aux.)

### Fornituras
- Marcador de puntos (marc.)
- Aguja de tapicería

## BUFANDA NÁUTICA CON NUDOS

Este ejercicio de acrobacia con agujas puede parecer complicado, pero no lo es en absoluto. Sigue las indicaciones paso a paso tejiendo las piezas anudadas por separado y, cuando estén todas en la misma aguja, téjelas juntas y sigue hacia arriba. Esta caprichosa bufanda termina en un cuello vuelto de elástico con borde de avellanas.

## MEDIDAS FINALES

**Circunferencia de los hombros:** 91,5 cm
**Circunferencia del cuello:** 56 cm
**Alto (sin doblar):** 33 cm

## MUESTRA

13 p. y 15 v. = 10 cm a p. de elástico 1 p. rev./3 p. der., con ag. del n.º 9 (6 mm).
**Hacer siempre la muestra.**

## NOTA

Cada presilla anudada se hace con dos tiras. Hacer las 18 tiras al mismo tiempo (para 9 presillas anudadas), montando los p. de cada nueva tira a la derecha de la tira anterior. Cortar la hebra de todas menos de la última tira. Todas las presillas anudadas se forman en la misma vuelta.

## ELÁSTICO 1 p. rev./3 p. der.

(Sobre un número de p. múltiplo de 4)
**1.ª v.** *1 p. rev., 3 p. der.; rep. desde * hasta el final.
Rep. la 1.ª v. para el elástico 1 p. rev./ 3 p. der.

## GLOSARIO DE PUNTOS

**Avellana** [tejer el mismo p. por delante y por detrás] 3 veces = 6 p.
Pasar el 2.º, el 3.º, el 4.º, el 5.º y el 6.º p. de uno en uno por encima del 1.er p. sacándolos de la ag. Desl. el p. de nuevo a la ag. izq. y tejerlo del rev.
**C8 dcha.** desl. 4 p. a una ag. aux. por detrás de la lab., tejer 4 p. der. y 4 p. der. de la ag. aux.

## BUFANDA NÁUTICA

**1.ª tira:** montar 6 p. con 2 ag. (ver página 135). Empezando por 1 v. del der., tejer 24 v. a p. liso der. Cortar la hebra y dejar los p. en la ag. Desl. la tira por la ag. para hacer sitio a la tira sig.
**2.ª tira:** montar 6 p. con 2 ag., (ver página 135) en la ag. donde está la 1.ª tira. Trabajar igual que la 1.ª tira.

**3.ª a 18.ª tiras:** trabajar igual que la 2.ª tira. No cortar la hebra al terminar la última tira.

**Hacer 9 presillas anudadas (ver ilustraciones, página 131)**
**Paso 1:** para hacer la presilla anudada, empezar por las 2 primeras tiras de la ag. izq.
**Paso 2:** cruzar la 1.ª tira por delante de la 2.ª tira.
**Paso 3:** llevar el borde de p. montados de la 2.ª tira hacia arriba por delante de la 1.ª tira, retorciéndolo para que quede por el derecho, meterlo entre las 2 tiras y situar el borde de p. montados por detrás de los p. de la 1.ª tira. Tejer cada p. de la 1.ª tira junto con una presilla del borde de p. montados de la 2.ª tira.
**Paso 4:** retorcer el borde de p. montados de la 1.ª tira para que quede por el derecho y situar el borde de p. montados por detrás de los p. de la 2.ª tira. Tejer los p. j. der. como antes.
**Paso 5:** queda terminada la presilla anudada con 12 p. en la ag. dcha.
Rep. 8 veces más los pasos 1 a 5 = 108 p. en la ag. dcha. No girar. Poner marc., unir y tejer en redondo como sigue:
**1.ª v.** [4 p. der., 1 p. rev., 2 p. j. rev., 1 p. rev., 4 p. der.] 9 veces = 99 p.
**2.ª v.** [4 p. der., 1 p. rev., avellana, 1 p. rev., 4 p. der.] 9 veces.
**3.ª a 5.ª v.** [4 p. der., 3 p. rev., 4 p. der.] 9 veces.
**6.ª v.** quitar el marc., desl. 4 p. a la ag. dcha., volver a poner el marc. (para el nuevo comienzo de v.), [3 p. rev., C8 dcha.] 9 veces.
**7.ª a 9.ª v.** [3 p. rev., 8 p. der.] 9 veces
**10.ª v.** [3 p. j. rev., 3 p. der., SS., 3 p. der.] 9 veces = 72 p.
**11.ª v.** [1 p. rev., 3 p. der., avellana, 3 p. der.] 9 veces.
**12.ª v.** [1 p. rev., 3 p. der.] 18 veces.
Rep. la 12.ª v. hasta que la pieza mida 33 cm desde el ppio.
Girar la labor y, por el rev. lab., cerrar los p. de este modo:
**V. sig. (rev. lab.)** cerrar 2 p. del rev., *avellana, cerrar el p. de la avellana, cerrar del rev. los 3 p. sig.; rep. desde * terminando con avellana y cerrar p. avellana.

## ACABADO

Entretejer los cabos. Doblar la parte superior de la bufanda sobre el der. lab., tirando de las avellanas para que se vean al estar doblada la bufanda.

# Instrucciones

## Dulce y abrigada
(Modelo página 38)

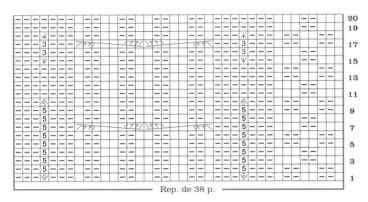

— Rep. de 38 p. —

### PUNTOS

☐ Del der.

— Del rev.

(1 p. der., 1 p. rev., 1 p. der., 1 p. rev., 1 p. der.) en el mismo p.

5 5 p. der.

C8 dcha.

C8 izq.

5 p. j. der.

(1 p. der., 1 p. rev., 1 p. der.) en el mismo p.

3 3 p. der.

3 p. j. der.

## Dar el golpe
(Modelo página 82)

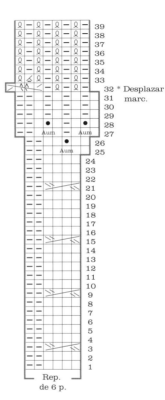

32 * Desplazar marc.

Rep. de 6 p.

### PUNTOS

☐ Del der.

— Del rev.

2 p. j. rev.

M 1 aum.

● Avellana

Ω 1 p. der. ret.

C4 dcha.

C4 izq. del rev.

* Desplazar 1 p. a la izq.
  marc.   antes de empezar
          la 32.ª v.

## Veta de plata
(Modelo página 94)

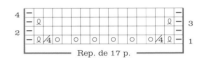

— Rep. de 17 p. —

### PUNTOS

☐ Del der. por el der. lab., del rev. por el rev. lab.

— Del rev. por el der. lab., del der. por el rev. lab.

○ Hebra

Ω 1 p. der. ret.

4 4 p. j. der.

**Nota:** cuando se teje en redondo, todas las v. son como las del der. lab.

### UNIÓN DE DIAGRAMAS

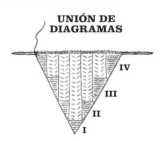

Tejer las secciones I-IV ida y vuelta, terminando con 1 v. por el der. lab.

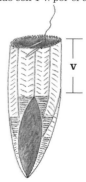

Unir y tejer el resto de la bandana en redondo.

# Con pétalos de flor
(Modelo página 112)

5
4
3
2
1

Rep. de 3 p.

## PUNTOS

▢ Con A, del der.

▨ Con C, tejer a p. de presilla; 1 p. der. en la v. anterior del p. sig. en la ag. izq., tejer del der. el p. de la ag. y pasar la presilla por encima del p. que se acaba de tejer.

# Labor de enfilado
(Modelo página 116)

4
3
2
1

Rep. de 4 p.

**GRÁFICO A**

12
11
10
9
8
7
6
5
4
3
2
1

Rep. de 4 a 6 p.

**GRÁFICO B**

## PUNTOS

▢ Del der.

− Del rev.

○ Hebra

Ⓜ 1 aum. del rev.

⟵ 3 p. der.: con la punta de la ag. izq., pasar el 1.ᵉʳ p. por encima de los 2 anteriores y sacarlo de la ag.

▨ No hay p.

# Nomeolvides
(Modelo página 126)

## DIAGRAMAS DE LA PRESILLA ANUDADA

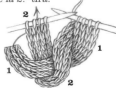

**1.** Para hacer la presilla anudada, empezar por las dos primeras tiras de la ag. izq.

**2.** Cruzar la 1.ª tira por delante de la 2.ª tira.

**3.** Subir el borde de p. montados por delante de la 1.ª tira, retorciendo la tira para que quede del der. Situar el borde montado detrás de los p. de la 1.ª tira, tejer del der. el 1.ᵉʳ p. de la 1.ª tira con una presilla del borde de la 2.ª tira.

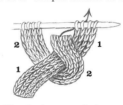

**4.** Retorcer el borde montado de la 1.ª tira y subirlo por detrás de los p. de la 2.ª tira y tejerlo junto con los p. de la ag.

**5.** Presilla anudada terminada.

# Saber cambiar: convertir el tejido

Las bufandas y cuellos cerrados quedan preciosos tejidos en redondo. Sin embargo, muchos patrones para punto se explican para tejerlos ida y vuelta, en piezas planas. Los modelos de este libro se explican para su estructura específica, por lo que no hay necesidad de adaptarlos, pero si se tiene un patrón ida y vuelta que se quiera tejer en redondo, aquí se indica cómo convertirlo. Es más fácil de lo que se piensa.

   Para empezar, tomamos los dos puntos básicos: **el punto liso del derecho (jersey) y el punto de musgo.** Para tejer el punto liso del derecho ida y vuelta, se alterna una vuelta del derecho y una del revés. Para lograr ese mismo punto en redondo, se tejen todas las vueltas del derecho; de hecho, se han alternado las vueltas al contrario de cuando se teje ida y vuelta (es decir, los puntos del derecho son ahora del revés, y los de revés, son ahora del derecho). En resumen quedaría así:

| Punto liso del derecho | Ida y vuelta | | En redondo |
|---|---|---|---|
| | **1.ª v.:** del der. | > > > > | **1.ª v.:** del der. |
| | **2.ª v.:** del rev. | > > > > | **2.ª v.:** del der. |

El punto de musgo se convierte de igual modo: cuando se trabaja ida y vuelta se teje siempre del derecho, pero para trabajar en redondo, hay que invertir la alternancia de vueltas:

| Punto de musgo | Ida y vuelta | | En redondo |
|---|---|---|---|
| | **1.ª v.:** del der. | > > > > | **1.ª v.:** del der. |
| | **2.ª v.:** del der. | > > > > | **2.ª v.:** del rev. |

Hasta aquí es fácil, veamos ahora algo un poco más complicado, como el punto de arroz o el punto de arroz doble, que incluyen puntos del derecho y del revés en una misma vuelta. En este caso se cambia cada punto en las vueltas alternas de la versión ida y vuelta en su contrario, pero manteniendo el mismo múltiplo de puntos del modelo en cada vuelta:

| Punto de arroz (Múltiplo de 2 p.) | Ida y vuelta | | En redondo |
|---|---|---|---|
| | **1.ª v.:** 1 p. der., 1 p. rev. | > > > > | **1.ª v.:** 1 p. der., 1 p. rev. |
| | **2.ª v.:** 1 p. rev., 1 p. der. | > > > > | **2.ª v.:** 1 p. der., 1 p. rev. |

Ahora pasemos a los ochos o trenzados que incluyen más de dos vueltas y una vuelta en la que se cruzan los puntos. ¿Cómo se trabaja un ocho "hacia atrás"? En realidad no es difícil. Hay que analizar el patrón

# ida y vuelta en tejido en redondo

que se desea convertir y decidir qué vuelta es la más complicada de convertir en su "contrario".

Para un motivo de ochos es la vuelta en la que se cruzan los puntos. Esa vuelta es la que no se convierte **(se mantiene tal y como está escrita en la versión ida y vuelta)**. Si se trata de una vuelta impar, todas las vueltas impares se mantienen iguales y se convierten solo las vueltas pares; si se trata de una vuelta par, entonces se mantienen las vueltas pares y se convierten las impares.

## Motivo de ochos y punto de arroz (sobre un número de puntos múltiplo de 16 más 8)

### Tejido ida y vuelta

**1.ª, 5.ª y 7.ª v. (der. lab.):** [1 p. der., 1 p. rev.] 4 veces, *1 p. rev., 6 p. der., 1 p. rev. [1 p. rev., 1 p. der.] 4 veces; rep. desde * hasta el final.

**2.ª, 4.ª y 6.ª v.:** *[1 p. rev., 1 p. der.] 4 veces, 1 p. der., 6 p. rev., 1 p. der.; rep. desde * terminando con [1 p. der., 1 p. rev.] 4 veces.

**3.ª v.:** [1 p. der., 1 p. rev.] 4 veces, *1 p. rev., C6 dcha., 1 p. rev., [1 p. rev., 1 p. der.] 4 veces; rep. desde * hasta el final.

**8.ª v.:** rep. la 2.ª v.

### Tejido en redondo

**1.ª, 5.ª y 7.ª v. (der. lab.):** [1 p. der., 1 p. rev.] 4 veces, *1 p. rev., 6 p. der., 1 p. rev. [1 p. rev., 1 p. der.] 4 veces; rep. desde * hasta el final. (No varía).

**2.ª, 4.ª, 6.ª y 8.ª v.:** *[1 p. der., 1 p. rev.] 4 veces, 1 p. rev., 6 p. der., 1 p. rev.; rep. desde *, terminando con [1 p. rev., 1 p. der.] 4 veces. (Cambiar estas v.).

**3.ª v.:** [1 p. der., 1 p. rev.] 4 veces, *1 p. rev., C6 dcha., 1 p. rev., [1 p. rev., 1 p. der.] 4 veces; rep. desde * hasta el final. (No varía).

La 3.ª v. en la versión ida y vuelta es en la que se cruza el ocho (C6 dcha.), así que en esa vuelta, como todas las **vueltas impares,** se mantienen igual. En cambio, hay que reescribir las **vueltas pares** al contrario y cambiar los p. del der. por p. del rev., y los p. rev. por p. der.

Todos los patrones, incluso los que llevan calados, se pueden convertir para tejerlos en redondo, aunque algunos resultan más difíciles de cambiar. Los motivos con calados se convierten de la misma manera: ver qué vuelta del patrón es más difícil de invertir y entonces mantener esa vuelta. Si es una vuelta impar, dejar todas las vueltas impares sin cambiar. Si es una vuelta par, mantener todas las vueltas pares y cambiar las impares.

# Abreviaturas

| | |
|---|---|
| * | Repetir las instrucciones después de * tantas veces como se indique |
| [ ] | Repetir las instrucciones entre los signos tantas veces como se indique |
| 1 A. | 1 aumento que se hace levantando la hebra de la v. anterior entre las 2 ag. y tejiendo 1 p. der. (de no indicarse 1 A. rev., en cuyo caso se teje la hebra del rev.) |
| ag. | Aguja(s) |
| ag. aux. | Aguja auxiliar (se utiliza sobre todo para ochos) |
| ag. circ. | Aguja circular |
| ag. dp. | Aguja(s) de doble punta |
| aprox. | Aproximadamente |
| aum. | Aumentar/aumento(s). De no indicarse otra cosa, los aumentos se hacen tejiendo el mismo p. por delante y por detrás |
| avellana | Hacer una avellana |
| cad. | Cadeneta |
| cm | Centímetro(s) |
| dcha. | Derecha |
| del der. x 2 | En algunas instrucciones se indica así 1 p. tejido por delante y por detrás |
| der. | Derecho |
| der. lab. | Derecho de la labor |
| desl. | Deslizar/deslizado |
| g | Gramos |
| h. | Hebra/echar la hebra |
| h. por del. | Hebra por delante de la labor |
| h. por det. | Hebra por detrás de la labor |
| izq. | Izquierdo/a |
| j | Juntos |
| m | Metro(s) |
| marc. | Marcador de puntos (o de vueltas) |
| mg. | Menguar/menguado(s) |
| mm | Milímetro(s) |
| p. j. der. | Puntos tejidos juntos del derecho |
| p. j. rev. | Puntos tejidos juntos del revés |
| ppio. | Principio |
| rep. | Repetir/repetición |
| ret. | Retorcido (el punto se teje por la presilla de detrás) |
| rev. | Revés |
| rev. lab. | Revés de la labor |
| SD. | Surjete doble: deslizar 1 p., tejer juntos los 2 p. siguientes y pasar el p. deslizado por encima del p. resultante (se menguan 2 p.) |
| sig. | Siguiente(s) |
| SS. | Surjete sencillo: deslizar 1 p., tejer el p. sig. y pasar el p. deslizado por encima del p. tejido (se mengua 1 p.) |
| v. | Vuelta(s) |

# Técnicas

### Echar la hebra

**Entre dos puntos del derecho:** llevar la hebra de detrás de la labor hacia delante entre las dos agujas. Tejer el punto siguiente, volviendo a pasar la hebra hacia atrás por encima de la aguja derecha, como en el dibujo.

**Entre dos puntos del revés:** dejar la hebra por delante de la labor. Pasar hacia atrás por encima de la aguja derecha y volver a pasar hacia delante, como en el dibujo. Tejer el punto siguiente del revés.

### Punto Kitchener

**1.** Pasar la aguja de tapicería como para tejer del revés (ver ilustración) por el primer punto de la aguja de delante. Tirar de la hebra dejando el punto en la aguja de tejer.

**2.** Pasar la aguja de tapicería como para tejer del derecho por el primer punto de la aguja de detrás. Tirar de la hebra dejando el punto en la aguja de tejer.

**3.** Pasar la aguja de tapicería como para tejer del derecho por el primer punto de la aguja de delante, sacarlo de la aguja de tejer y pasar la aguja de tapicería como para tejer del revés (ver ilustración) por el punto siguiente de la aguja de delante. Tirar de la hebra dejando este punto en la aguja.

**4.** Pasar la aguja de tapicería como para tejer del revés por el primer punto de la aguja de detrás. Sacar el punto de la aguja y pasar la aguja de tapicería como para tejer del derecho (ver ilustración) por el punto siguiente de la aguja de detrás. Tirar de la hebra dejando ese punto en la aguja.

Repetir los pasos 3 y 4 hasta tener cosidos (grafting) todos los puntos de las dos agujas. Rematar y entretejer el cabo.

### Cordón-I

Montar de 3 a 5 puntos. *Tejer una vuelta del derecho. Sin girar la labor, deslizar los puntos hasta el principio de la vuelta. Tirar bien de la hebra del final de la vuelta. Repetir desde * tantas veces como se desee. Cerrar los puntos.

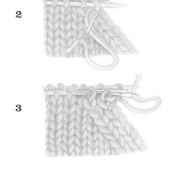

## Cerrar puntos con tres agujas

**1.** Poner las dos piezas derecho con derecho y sujetarlas con las agujas paralelas. Insertar una tercera aguja en el primer punto de cada aguja como para tejer del derecho. Echar la hebra sobre la aguja.

**2.** Tejer del derecho los 2 puntos juntos y sacarlos de las agujas. *Tejer los 2 puntos siguientes juntos como antes, según la ilustración.

**3.** Pasar el primer punto de la tercera aguja por encima del primero y sacarlo de la aguja. Repetir desde * del paso 2 por toda la vuelta hasta tener todos los puntos cerrados.

## Borlas

Cortar las hebras de un largo doble del deseado, y un poco más para el nudo. Por el revés de la labor, pasar el ganchillo de delante hacia hacia atrás por la pieza y por las hebras dobladas. Tirar de las hebras. Pasar los extremos por la presilla y apretar el nudo. Recortar las hebras.

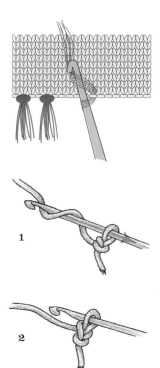

## Cadeneta de ganchillo

**1.** Hacer un nudo corredizo junto a la punta del ganchillo y enrollar la hebra (la que va unida al ovillo o madeja) en torno al ganchillo, como en la ilustración. Tirar de la hebra para pasarla por la presilla enganchándola con el ganchillo y tirando hacia dentro.

**2.** Ya está terminado un punto de cadeneta. Repetir para formar tantos puntos como se quiera, añadiendo cuentas entre los puntos si se desea.

## Montar puntos con dos agujas

**1.** Hacer un nudo corredizo en la aguja izquierda. Pasar la aguja derecha por el punto, como para tejer del derecho. Echar la hebra en torno a la aguja derecha.

**2.** Tirar de la hebra por dentro del primer punto para formar otro punto, pero no sacar el punto de la aguja izquierda.

**3.** Deslizar el nuevo punto a la aguja izquierda, como en la ilustración.

**4.** Pasar la aguja derecha por entre los 2 puntos de la aguja izquierda.

**5.** Echar la hebra sobre la aguja derecha como para tejer del derecho y sacar la hebra para formar un nuevo punto.

**6.** Pasar el nuevo punto a la aguja izquierda, como en la ilustración. Repetir los pasos 4 a 6 hasta tener montados los puntos que se deseen.

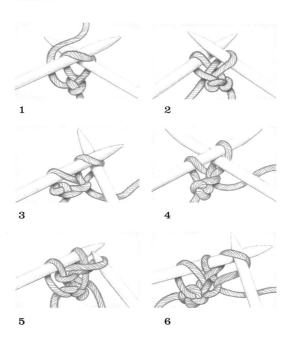

# Índice

## A
Abreviaturas 134
Aran, bufanda capucha con motivos de 102-105
Aran, bufanda náutica con motivos de 82-83, 130
Aros, bufanda náutica con 18-19

## B
Bandana, con calados 94-95, 130
Bicolor, miniponcho 84-87
Bolas, collares de 90-91
Borlas 135
Bufanda capucha a punto de arroz 46-49
Bufanda capucha de espiguilla 58-61
Bufanda capucha de ochos 38-39, 130
Bufanda chaleco 92-93
Bufanda con bolsillo 106-107
Bufanda de eslabones 76-77
Bufanda infinity de rayas 118-121
Bufanda náutica a punto de elástico grueso 44-45
Bufanda náutica de jacquard 78-81
Bufanda náutica de rayas jacquard 114-115
Bufanda náutica de rejilla en blanco y negro 98-101
Bufanda tradicional 70-71
Bufandas capucha
  A punto de arroz 46-49
  A punto de madroños 28-29
  Con motivos de Aran 102-105
  Con franjas de color 72-75
  Con motivo de aros 20-21
  De elástico retorcido 96-97
  De eslabones 76-77
  De espiguilla 58-61
  De mohair con lazo 26-27
  De nido de abeja 14-17
  De ochos 38-39, 130
  De tres calibres 22-25
  De volantes 40-43
  Fieltrada 122-123
  Presentación 10-13
Bufandas náuticas
  A punto de elástico grueso 44-45
  Chaleco 92-93
  Combinación de bufanda y collar 116-117, 131
  Con aros 18-19

Con bolsillo 106-107
Con funda para MP3 62-63
Con motivos de Aran 82-83, 130
Con nudos 126-129, 131
Conjunto de tres piezas 30-33
De rayas jaquard 114-115
De rejilla en blanco y negro 98-101
Jacquard 78-81
Presentación 10, 12-13

## C
Cadeneta de ganchillo 135
Calados, bandana con 94-95, 130
Cerrar puntos con tres agujas 135
Collar fruncido 124-125
Collares
  Combinación de bufanda náutica y collar 116-117, 131
  De bolas 90-91
  Fruncido 124-125
  Presentación 11
Combinación de bufanda náutica y collar 116-117, 131
Con lazo, bufanda capucha de mohair 26-27
Cordón-I 134
Cuello de volantes 50-51, 108-111
Cuello esmoquin 64-65
Cuellos
  De mohair metalizado 112-113, 131
  De volantes 50-51, 108-111
  Esmoquin 64-65
  Vuelto de cachemir 34-37
Cuello vuelto de cachemir 34-37

## D
Donut
  De piel de imitación 52-55
  Presentación 11
  Trenzado 56-57

## E
Elástico retorcido, bufanda capucha de 96-97

## F
Fibras 13
Fieltrada, bufanda 122-123
Franjas de color, bufanda de 72-75

## G
Gorro 30-33

## H
Hebra, modo de echarla 134

## I
Infinity, bufanda de rayas 11, 118-121

## K
Kitchener, punto 134

## M
Madroños, bufanda capucha a punto de 28-29
Miniponcho bicolor 84-87
Mitones 30-33
Mohair metalizado, cuello de 112-113, 131
MP3, bufanda náutica para 62-63
Motivo de aros, bufanda capelina con 20-21
Motivo de ochos y punto de arroz 133

## N
Nido de abeja, bufanda capucha de 14-17
Nudos, bufanda náutica con 126-129, 131

## P
Pasamontañas 11, 66-69
Pasamontañas de rayas 66-69
Pechera 10
Piel de imitación, donut de 52-55
Punto de arroz 132
Punto de musgo 132
Punto liso del derecho (jersey) 132

## R
Redecilla, bufanda 88-89
Redecillas, 11, 88-89

## T
Técnicas 12-13, 132-135
Trenzado, donut 56-57
Tres calibres, bufanda capucha de 22-25
Tres piezas, conjunto de 30-33

## V
Volantes, bufanda capucha de 40-43
Volantes, cuello de 50-51

## OTROS TÍTULOS PUBLICADOS

Más información sobre estos y otros títulos en nuestra página web: **www.editorialeldrac.com**